Franz-Josef Ortkemper

Seht, jetzt schaffe ich Neues
Gotteserfahrungen im Alten Testament

W0191676

Franz-Josef Ortkemper

Seht, jetzt schaffe ich Neues

Gotteserfahrungen
im Alten Testament

 bibelwerk

Für die Ausgabe in der Reihe „Gottes Volk"
Bezugspreise: Abonnement EUR 91,80 im Jahr; Einzelpreis EUR 12,–
Preise zuzüglich Porto. Preise einschließlich Mehrwertsteuer.
Abbestellungen sind mit einer Frist von 8 Wochen zum Ende eines
Lesejahreszyklus ABC möglich.

www.bibelwerk.de
ISBN 978-3-460-26729-9
ISSN 0946-8943

Titelbild: © photocase.com, mathias the dread
Satz und Layout: Olschewski Medien GmbH, Stuttgart
Gesamtherstellung in Europa

Inhaltsverzeichnis

Vorwort

Hiermit lege ich einen zweiten Band mit Texten zum Alten Testament vor, die zumeist aus Vorträgen entstanden sind. Sie richten sich an ein breites Publikum, verzichten weithin auf exegetische Fachausdrücke und bemühen sich um Allgemeinverständlichkeit. Einen Schwerpunkt bilden die Propheten. Die sozialkritischen Texte der Propheten vor allem sind in unserer sonntäglichen Leseordnung leider nur sehr schwach vertreten. Vielleicht kann dieses Buch den/die eine/n oder andere/n Prediger/in anregen, auch einmal diese „vergessenen" Texte zum Thema zu machen – es könnte unserer Verkündigung eine kritische Würze geben.

Natürlich haben die Propheten auch Tröstendes, Mutmachendes zu sagen. Das trifft vor allem auf den zweiten und dritten Teil des Buches Jesaja zu. Dass diese Texte von einem Deutero- bzw. Trito- (zweiter bzw. dritter) Jesaja verfasst worden sind, ist heute exegetisch aufgegeben. Auch im ersten Teil des Jesaja finden wir solche ermutigenden Texte, die in eine spätere Zeit weisen als die des historischen Jesaja. Das Jesaja-Buch ist in einem viel komplizierteren Prozess eines Fortschreibens über Jahrhunderte hin entstanden.

Weitere Themen sind die Psalmen und die Zehn Gebote, die man die „Urkunde der Freiheit" genannt hat. Bei genauem Hinsehen sind die Gebote Weisungen eines wohlwollendes Gottes. Sie wollen uns vor unsinnigen Fehlentwicklungen schützen.

Die Geschichte von Josef und seinen Brüdern wird leider meist in der Grundschule „abgehakt". Dabei ist es keineswegs eine harmlose Kindergeschichte.

Die Texte der Auslegung sind bewusst knapp gehalten, sodass man sie in einer Tagesveranstaltung ganz gut präsentieren kann, wie ich selber erfahren habe.

Ich wünsche Ihnen eine (manchmal) aufregende und vor allem anregende Lektüre.

Ihr

Franz- Josef Ortkemper

Gott auf der Seite der Armen: Amos – Micha – Jesaja

Amos – Prophet für eine Wohlstandsgesellschaft

Der Prophet Amos ist in der Bibel einer der schärfsten Kritiker sozialer Missstände. Er war über Jahrhunderte hin in der Kirche fast vergessen. Erst in den letzten Jahrzehnten haben wir ihn neu entdeckt. Amos lebte um 740 v. Chr. Mehr als 2700 Jahre ist das her. Er war ein kleiner Mann vom Lande, besaß eine Feigenplantage und eine Rinderherde. Doch eines Tages fängt er an, die tiefen Ungerechtigkeiten der damaligen Gesellschaft zu durchschauen, die Machenschaften einer Oberschicht, die sich auf Kosten der kleinen Leute schamlos bereichert.

Gegen die reiche Oberschicht

Amos lebte in einer Zeit, in der es den Menschen in Israel gut ging – wie noch nie! Es war eine Zeit wirtschaftlicher Blüte. Doch der Reichtum war höchst ungleich verteilt. Eine kleine Oberschicht wurde immer reicher, die Armen gerieten in immer größere Abhängigkeit. Amos wurde bewusst: Der Reichtum der wenigen ist nur auf dem Rücken der vielen anderen möglich, die im Grunde um das Ergebnis ihrer Arbeit betrogen werden. Eines Tages haben sich in der Hauptstadt Samaria die vornehmen Damen der Gesellschaft zu einer Fete versammelt. Es muss hoch hergegangen sein. Da taucht mitten in dieser illustren Gesellschaft der Prophet Amos auf und hält den zechenden Damen die folgende Scheltrede:

> „[1] Hört dieses Wort,
> ihr Baschankühe auf dem Berg von Samaria,
> die ihr die Schwachen unterdrückt
> und die Armen zermalmt
> und zu euren Männern sagt:
> Schafft Wein herbei, wir wollen trinken.

*² Bei seiner Heiligkeit
hat Gott, der Herr, geschworen:
Seht, Tage kommen über euch,
da holt man euch mit Fleischerhaken weg,
und was dann noch von euch übrig ist,
mit Angelhaken.
³ Ihr müsst durch die Breschen
der Mauern hinaus,
eine hinter der andern;
man jagt euch dem Hermon zu –
Spruch des Herrn."
(Amos 4,1-3)*

Eine unglaubliche Provokation, eine Frechheit und Ungezogenheit sondergleichen! Als fette Kühe beschimpft Amos die Damen der Oberschicht. Baschan ist eine für ihre große Fruchtbarkeit bekannte Gegend in der Nähe der heutigen Golanhöhen, wo das Mastvieh besonders gut gedieh. ... Die fünfhundert bis sechshundert Meter hohe Hochebene des Baschan östlich des Sees Gennesaret ist wegen ihres verwitterten Basaltbodens und wegen des aufkommenden Steigungsregens überaus fruchtbar. Ez 39,18: *„Das Fleisch der Helden sollt ihr fressen, das Blut der Fürsten der Erde sollt ihr trinken. Lauter Widder, Lämmer und Böcke, Stiere und gemästete Rinder aus dem Baschan sind es."* Ps 22,13: *„Viele Stiere umgeben mich, Büffel von Baschan umringen mich."* Also: eine Gegend, die wegen ihres Mastviehs damals weiterum berühmt war. Hans Walter Wolff, früherer Alttestamentler in Heidelberg, hat einmal vorgeschlagen, den Text sinngemäß zu übersetzen: „Ihr ostfriesischen Mastkühe!"
Aber diese aufwendigen Feiern haben eine schlimme Ursache: Die Schwachen werden unterdrückt, die Armen zermalmt. Die Existenz ganzer Familien geht bei dieser Lebensweise zugrunde! Sonst wird im Alten Testament die Verheißung des Landes mit einem Schwur bekräftigt. Hier ein ausgesprochener Kontrast dazu: Gott schwört – zu Ungunsten Israels!
Die Deportation der reichen Frauen wird drastisch geschildert. Amos bleibt ganz im Bild der Baschankühe. Mit Fleischerhaken und An-

gelhaken: Das ist schier unglaublich. Und dann das Bild einer eroberten Stadt, durch deren Mauerlücken die gefangenen Frauen isoliert voneinander ziehen müssen, zum Hermon hin: Das Ziel der Verschleppung liegt im Norden, im Zweistromland.

Auch die Herren der Schöpfung bleiben von der prophetischen Kritik nicht verschont. Da haben sich – wieder in Samaria – die prominenten Herren der Stadt zu einer Fress- und Sauforgie (pardon, aber so war es!) versammelt. Und wieder taucht der Prophet auf:

„¹ Weh den Sorglosen auf dem Zion
und den Selbstsicheren auf dem Berg von Samaria.
Weh den Vornehmen des Ersten unter den Völkern ...
⁴ Ihr liegt auf Betten aus Elfenbein
und faulenzt auf euren Polstern.
Zum Essen holt ihr euch Lämmer aus der Herde
und Mastkälber aus dem Stall.
⁵ Ihr grölt zum Klang der Harfe,
ihr wollt Lieder erfinden wie David.
⁶ Ihr trinkt den Wein aus großen Humpen,
ihr salbt euch mit dem feinsten Öl
und sorgt euch nicht über den Untergang Josefs.
⁷ Darum müssen sie jetzt in die Verbannung,
allen Verbannten voran.
Das Fest der Faulenzer ist nun vorbei.“
(Amos 6,1.4-7)

Der Text zeigt schon Spuren späterer Bearbeitung. Das Buch Amos ist offensichtlich in mehreren Jahrhunderten bis zu seiner heutigen Gestalt gewachsen. Unmittelbar nach dem Untergang des Nordreichs 722 v. Chr. hat ein Schülerkreis des Amos offenbar eine erste Sammlung von Amosworten veröffentlicht. Diese Sammlung geriet bald ins Südreich. Sie wurde dort weitergeschrieben. So ist im Amosbuch ein unglaublich vielstimmiger Text entstanden, der die Herausforderungen von Jahrhunderten reflektiert. Die Überarbeitung hat bis in die nachexilische Zeit gereicht (9,7ff.).

Die Sorglosen auf dem Zion beziehen sich ganz sicher auf die Einwohner von Jerusalem. Das Nebeneinander von Zion und dem Berg von

Samaria zeigt, dass der Königsburg von Samaria ein vergleichbarer Rang wie dem Zion eingeräumt wurde. Interessant, wie diese Herren sich einschätzen: Israel ist das erste unter den Völkern und davon sind sie noch einmal die Vornehmen! Also die creme de la creme! Die Sorglosigkeit gründet sich auf ihre gesellschaftliche Stellung. Ihr Sicherheitsgefühl gründet sich auf ihre undiskutierte Herrschaft über Abhängige, aus denen man möglichst viel herauspresst. Die Liegen, auf denen die Reichen sich räkeln, sind mit kostbarem Elfenbein-schmuck verziert. Viele dieser Elfenbeinreliefs sind inzwischen aus-gegraben und in den Museen zu besichtigen. Gegessen wird nur edelstes Fleisch, von ausgesuchten zarten Lämmern, von Kälbern, die im Stall angebunden wurden, damit sie ohne Bewegungsfreiheit mehr Fett ansetzen.

„Ihr grölt zum Klang der Harfe, ihr wollt Lieder erfinden wie David." Es geht zu wie beim Betriebsausflug auf der Rückfahrt im Bus. Man erfindet Lieder, man kommt sich wie der Liederdichter David höchst-persönlich vor, grölendes Lachen bestimmt die Szene. Die Wirklich-keit steht dazu in totalem Kontrast: Die Herren sind völlig besoffen, grölen herum, faulenzen auf Kosten anderer und sorgen sich keinen Deut um die ihnen anvertrauten Menschen. Ihre einflussreiche Stel-lung betrachten sie als Selbstbedienungsladen. Der Untergang Josefs interessiert sie nicht. Josef steht hier stellvertretend für das ganze Volk. Wie den vornehmen Damen, so kündigt Amos auch den Her-ren die Verbannung an. Diese Ankündigung wird 722 v. Chr. grau-same Wirklichkeit: Samaria wird von den Assyrern erobert und zerstört, die Oberschicht in die Verbannung verschleppt.

Gegen das Diktat der Wirtschaftlichkeit

Amos beobachtet, wie die Händler auf dem Markt die Gewichte fäl-schen, den Leuten Schund und wertloses Zeug andrehen für ihr gutes Geld. Er beobachtet, wie die Reichen ihre Monopolstellung rück-sichtslos ausnutzen, wie die Armen immer mehr in Abhängigkeit ge-raten. Und er protestiert dagegen mit unglaublicher Schärfe und Heftigkeit – im Namen Gottes:

„⁴ Hört dieses Wort, die ihr die Schwachen verfolgt
und die Armen im Land unterdrückt.
⁵ Ihr sagt: Wann ist das Neumondfest vorbei?
Wir wollen Getreide verkaufen.
Und wann ist der Sabbat vorbei?
Wir wollen den Kornspeicher öffnen,
das Maß kleiner und den Preis größer machen
und die Gewichte fälschen.
⁶ Wir wollen mit Geld die Hilflosen kaufen,
für ein Paar Sandalen die Armen.
Sogar den Abfall des Getreides
machen wir zu Geld.
⁷ Beim Stolz Jakobs hat der Herr geschworen:
Keine ihrer Taten werde ich jemals vergessen."
(Amos 8,4-7)

Auch hier sind Bearbeitungsspuren aus späteren Zeiten zu entdecken. Offensichtlich ist die Geldwirtschaft eingeführt, vielleicht gibt es auch schon Münzen. Letzteres verweist in die persische Zeit. Der Übergang von der Tausch- zur Geldwirtschaft hat riesige Probleme ausgelöst. Einige wenige gerissene Leute haben – vergleichbar den Ereignissen bei der Währungsreform bei uns – sofort herausbekommen, wie man die Unwissenheit der kleinen Leute ausnutzen kann. In Windeseile wurden sie reich auf Kosten vor allem der Kleinbauern. Kapital, Grundstücke und Immobilien konzentrierten sich in immer weniger Händen.

Das Denken dieser reichen Säcke ist ganz auf Wirtschaftlichkeit abgestellt. Die Feiertage und den Sabbat empfinden sie als ausgesprochen lästige Unterbrechung ihrer Geschäfte. Da sitzen sie wie auf heißen Kohlen: *"Wann ist das Neumondfest vorbei? Wir wollen Getreide verkaufen. Und wann ist der Sabbat vorbei? Wir wollen den Kornspeicher öffnen, das Maß kleiner und den Preis größer machen und die Gewichte fälschen."* ... Was sollen diese Feiertage – die bedeuten nur Gewinnausfall! Der Rubel muss rollen. Nicht zuletzt für unsere heutige Diskussion über die Sonntagsarbeit ist dieser Amos-Text brandaktuell! Amos spürt genau: Wo alles sich nur noch um Profit und Wirtschaftlichkeit dreht und der Mensch diesen Zwecken untergeordnet wird, geht im Grunde alle Menschlichkeit verloren. Der Text ist im Hebräischen noch schärfer. Wörtlich heißt es: Die ihr die Schwachen zertretet und die Armen des Landes vernichtet. Die Reichen gehen rücksichtslos vor. Die durch betrügerischen Handel Ruinierten geraten schon bei ganz geringfügiger Zahlungsunfähigkeit (wegen eines Paares Sandalen) in völlige Abhängigkeit von den Händlern. Sie werden von diesen geradezu „gekauft". Menschen werden für Menschen zur verfügbaren Ware. – *„Sogar den Abfall des Getreides machen wir zu Geld."* Hier haben die heutigen Lebensmittel-Ganoven ihre großen Vorläufer! Der Gottesschwur am Schluss verstärkt das Gewicht der Schuld. Die Schuld ist ständig vor Gott gegenwärtig (vgl. Jes 22,14).

Man kann sich im Blick auf diesen Text jedenfalls fragen, ob Amos überhaupt noch mit einer Möglichkeit der Umkehr und Vergebung rechnet. Es gibt Alttestamentler, die Amos genau in diesem Sinn interpretieren: Gott hat Israel fallen lassen. Eine Umkehr ist nicht mehr möglich. Ich bin hier etwas skeptisch. Es gibt im Amosbuch auch Spuren dafür, dass man immer noch mit einer Möglichkeit der Umkehr und trotz allem mit einer Vergebung durch Gott rechnet. Wieso sonst hätte ein Amos auftreten sollen? Wieso sonst hätte die spätere Tradition eine solche völlig hoffnungslose Mentalität in das Buch eintragen sollen? Nichtsdestoweniger: Das Amosbuch ist eine sehr ernste Bußpredigt.

Es ist was faul …

Amos spricht eine geradezu aufreizende Sprache. Aber es wird auch deutlich, warum er das tut. Dieses Leben in Luxus und Wohlstand ist nur möglich, weil andere die Arbeit dafür tun! In Amos 5,7.10-15 gewinnen wir ein anschauliches Bild davon, wie tief die damalige Gesellschaft korrupt war, bestechlich, wie schamlos sie auf Kosten der kleinen Leute ihr Wohlleben genoss.

„⁷ Weh denen, die das Recht
in bitterer Wermut verwandeln
und die Gerechtigkeit zu Boden schlagen …

[10] Bei Gericht hassen sie den,
der zur Gerechtigkeit mahnt,
und wer Wahres redet, den verabscheuen sie.
[11] Weil ihr von den Hilflosen Pachtgeld annehmt
und ihr Getreide mit Steuern belegt,
darum baut ihr Häuser aus behauenen Steinen –
und wohnt nicht darin,
legt ihr euch prächtige Weinberge an –
und werdet den Wein nicht trinken.
[12] Denn ich kenne eure vielen Vergehen
und eure zahlreichen Sünden.
Ihr bringt den Unschuldigen in Not,
ihr lasst euch bestechen
und weist den Armen ab bei Gericht.
[13] Darum schweigt in dieser Zeit, wer klug ist;
denn es ist eine böse Zeit.
[14] Sucht das Gute, nicht das Böse;
dann werdet ihr leben
und dann wird, wie ihr sagt,
der Herr, der Gott der Heere, bei euch sein.
[15] Hasst das Böse, liebt das Gute
und bringt bei Gericht das Recht zur Geltung!
Vielleicht ist der Herr, der Gott der Heere,
dem Rest Josefs dann gnädig."

In diesem Text stimmt Amos die Leichenklage über Israel an. „Weh denen". Amos richtet gegen die Justiz schärfste Vorwürfe: Sie bringen den Unschuldigen in Not, lassen sich bestechen, und der Arme, der eigentlich auf das Gericht angewiesen ist, wird in seinen Ansprüchen abgewiesen. Der Prophet ist entrüstet. Das Recht, das ein Einzelner erhielt oder eben nicht erhielt, entschied häufig über seine Existenz, auch über seine „Ehre". Eine Gemeinschaft mit korrupter Rechtsprechung ist für Amos eine Unmöglichkeit.

Die Reichen, die von dieser Gesellschaft profitieren, wohnen zwar in palastartigen Häusern, die aus behauenen Quadersteinen statt aus Lehmziegeln oder Feldsteinen errichtet waren. Sie besaßen kostbare

Weinberge. Sie werden mit dem sogenannten Vergeblichkeitsfluch bedroht. Sie wohnen zwar in reichen Häusern, aber sie werden darin nicht bleiben. Sie legen zwar prächtige Weinberge an, aber auf Dauer werden sie den Wein nicht trinken. Nur das Tun des Guten und das heißt hier konkret: Eine von außen unbeeinflusste Rechtsprechung, die den Armen zu ihrem Recht verhilft, kann „vielleicht" das Strafgericht Gottes noch abwenden. Und das ist eine Möglichkeit auch nur noch für den „Rest Josefs". Vielleicht.

Kritik am Gottesdienst

Amos war überzeugt, dass in einer Gesellschaft, die sich solch krasse Unterschiede erlaubt, die Fäulnis des Untergangs längst drinsitzt. Und dann kommen diese Leute zu allem Überfluss auch noch zu den festlichen Liturgien zusammen. Wieder erscheint Amos auf der Bildfläche, vermutlich im Reichsheiligtum in Bet-El. Wieder nimmt er kein Blatt vor den Mund. Er herrscht die versammelte Gottesdienstgemeinde an:

„²¹ Ich hasse eure Feste, ich verabscheue sie
und kann eure Feiern nicht riechen.
²² Wenn ihr mir Brandopfer darbringt,
ich habe kein Gefallen an euren Gaben,
und eure fetten Heilsopfer will ich nicht sehen.
²³ Weg mit dem Lärm deiner Lieder!
Dein Harfenspiel will ich nicht hören,
²⁴ sondern das Recht ströme wie Wasser,
die Gerechtigkeit wie ein nie versiegender Bach."
(Amos 5,21-24)

Der Text beginnt mit einem Paukenschlag. Die härtesten und emotionsgeladensten Verben stehen voran. Gott konstatiert: Ich hasse, ich verabscheue, ich kann nicht riechen. Feste, Opfer und Musik stehen für den Gottesdienst als Ganzen. Der Gott des Amos sieht nur noch „eure Feste", „eure Gaben" vor sich, das heißt Riten, die ihn schon gar nicht mehr erreichen. Der Gottesdienst ist zum „Dienst an sich selber" pervertiert. Ohne „Recht und Gerechtigkeit" (V. 24) ist ein echtes Gottesverhältnis nicht möglich. Israel feiert Gottesdienst, als sei sein Gottesverhältnis noch intakt, und merkt nicht, dass Gott bei der Feier überhaupt nicht anwesend ist.

In V. 24 fordert Amos Recht und Gerechtigkeit und hat dabei besonders die Armen und Schwachen im Blick. Israel hat so viele Erfahrungen der Gerechtigkeit, das heißt des Heils Gottes gemacht, dass es eigentlich gar nicht anders kann, als der „Gerechtigkeit" freien und beständigen Lauf zu lassen – das will der Vergleich mit dem auch im Sommer nicht austrocknenden Bach besagen. Noch einmal stellt sich die Frage, ob Amos noch mit der Möglichkeit des Wandels Israels, das „Recht und Gerechtigkeit zu Boden schlägt" (5,7), gerechnet hat?

Ein paar Jahre später hat dann der Prophet Jesaja in Jerusalem diese kritischen Anfragen des Amos aufgegriffen und noch weitaus schärfer formuliert: Jes 1,10-17. Im Grunde sind es die gleichen Anfragen, die manche heute im Blick auf unseren Gottesdienst formulieren, und wie erschrocken sind wir, wenn sie es tun! Amos und Jesaja haben noch viel schärfer formuliert. Sie stellen die Frage: Wie stimmen Gottesdienst und alltägliches Leben zusammen? Und wenn sie es nicht tun, so wäre ein solcher Gottesdienst für Gott ein Gräuel! Was die Propheten von der Gottesdienstgemeinde einklagen, ist die soziale Gerechtigkeit!

Rausschmiss und Redeverbot

Natürlich haben sich die Leute damals die Provokationen des Amos nicht gefallen lassen. Empörung machte sich breit. Auch das können wir im Buch Amos nachlesen:

„10 Amazja, der Priester von Bet-El, ließ Jerobeam, dem König von Israel, melden: Mitten im Haus Israel ruft Amos zum Aufruhr gegen dich auf; seine Worte sind unerträglich für das Land. 11 Denn so sagt Amos: Jerobeam stirbt durch das Schwert und Israel muss sein Land verlassen und in die Verbannung ziehen. 12 Zu Amos aber sagte Amazja: Geh, Seher, flüchte ins Land Juda! Iss

dort dein Brot, und tritt dort als Prophet auf! [13] In Bet-El darfst du nicht mehr als Prophet reden; denn das hier ist ein Heiligtum des Königs und ein Reichstempel. [14] Amos antwortete Amazja: Ich bin kein Prophet und kein Prophetenschüler, sondern ich bin ein Viehzüchter, und ich ziehe Maulbeerfeigen. [15] Aber der Herr hat mich von meiner Herde weggeholt und zu mir gesagt: Geh und rede als Prophet zu meinem Volk Israel! [16] Darum höre jetzt das Wort des Herrn! Du sagst: Tritt nicht als Prophet gegen Israel auf und prophezei nicht gegen das Haus Isaak! [17] Darum – so spricht der Herr: Deine Frau wird in der Stadt als Dirne leben, deine Söhne und Töchter fallen unter dem Schwert, dein Ackerland wird mit der Messschnur verteilt, du selbst aber stirbst in einem unreinen Land und Israel muss sein Land verlassen und in die Verbannung ziehen."
(Amos 7,10-17)

Eine unvergleichliche Szene, wie Amazja, der oberste religiöse Repräsentant des Nordreiches, den Propheten aus dem Land weist und ihm Redeverbot erteilt! Und ein unvergleichlicher Trick ist dabei, der bis heute funktioniert: Nicht etwa die Verhältnisse sind unerträglich, nein, dass Amos sie anprangert, das empfindet man als unerträglich! Da fällt mir ein Ausspruch von Kurt Tucholsky ein, der in den zwanziger Jahren ganz bitter festgestellt hat: In Deutschland gilt nicht der als schlimm, der den Dreck macht, sondern der, der auf den Dreck hinweist.

Der Text ist die einzige Erzählung über den Propheten im Amosbuch (aus seinem Schülerkreis?). Ist dieser Text biographisch zu deuten? Schwierigkeiten bereitet, dass der Leser nichts über die Konsequenzen für den Propheten erfährt: Ist er ins Südreich geflohen, wie Amazja ihm nahelegt? Ist er ins Südreich deportiert worden? Hat er den Märtyrertod in Bet-El erlitten? Alle drei Varianten werden heute vertreten. Aber wir wissen es nicht.

Amazja schickt den Propheten in den anderen jüdischen Staat: Geh doch nach drüben! Wir kennen das aus nicht allzu weit vergangener Zeit auch von uns! Die Antwort des Amos ist uns zunächst unverständlich. *„Ich bin kein Prophet ..."* Wie denn das? Er hat keine Ausbildung zum Propheten durchlaufen. Er verdankt seine prophetische

Tätigkeit dem unerwarteten Eingriff Gottes in seinen bäuerlichen Alltag, der ihn zum prophetischen Auftreten im Nordreich genötigt hat.
Zum einen betont Amos mit der Hervorhebung seiner bäuerlichen
Existenz seine wirtschaftliche Unabhängigkeit. Viel wesentlicher aber
ist die Betonung der Autorität des prophetischen Auftretens des Amos:
nicht ich, sondern Jahwe! Damit wird der erzählte Konflikt auf die
Ebene gehoben, auf die er gehört. Amos hat sich seine Prophetentä-
tigkeit nicht ausgesucht. Er hat sich schon gar nicht beruflich auf sie
vorbereitet. Er kann auch den Ort seines Auftretens nicht bestimmen.
Der Befehl des Priesters *„Auf, flüchte dich"* steht Gottes Auftrag diametral entgegen: *„Geh und rede als Prophet zu meinem Volk Israel!"*

Das Buch Amos

Doch so leicht lässt sich die unbequeme Wahrheit nicht zum Schwei-
gen bringen. Die provozierenden Aussprüche des Propheten und auch
die unsägliche Szene, wie der Oberpriester in Bet-El ihn des Landes
verweist – all das steht heute in der Bibel, im Buch Amos. Denn einige Leute waren wach geworden. Sie schrieben die Worte des Propheten auf, sie sammelten, was sie mit ihm erlebt hatten. Ein paar
hundert Jahre wurde das Prophetenbuch „weitergeschrieben". Und
schließlich nahm dann die jüdische Glaubensgemeinschaft diese Auf-
zeichnungen in die offizielle Sammlung ihrer heiligen Schriften auf.
Sie gab damit deutlich zu verstehen: Sich mit gesellschaftlichen und
politischen Missständen auseinanderzusetzen, Stellung zu nehmen,
das gehört wesentlich zu unserem Glauben dazu.

Amos hat provoziert. Natürlich muss man die Frage stellen: Was be-
wirken Provokationen? Führen sie nicht fast automatisch zur Ab-
wehr? Andererseits: Heute stehen solche Texte in der Bibel! Das Buch
Amos ist tief überzeugt: Gott hat das herrliche Land Israel allen in
gleicher Weise zugedacht. Dass es da zwei Klassen von Menschen
gibt, wo die einen sich die Reichtümer des Landes unter den Nagel
reißen, während die anderen in immer tiefere Armut und Abhängigkeit geraten, das widerspricht zutiefst dem Glauben an Gott. Amos

sieht mit Entsetzen, wie eine kleine reiche Oberschicht immer mehr Felder und Häuser und Weinberge in ihren Besitz bringt, wie die kleinen Leute nach einer Missernte sogar gezwungen werden, sich selbst als Sklaven zu verkaufen. In den Augen des Amos ist das ein einziger Skandal. Das herrliche Land war doch für alle gedacht! Auf dem Hintergrund des heutigen Ungleichgewichts zwischen Nord und Süd, der vielen Menschen, die an Hunger und Unterentwicklung elend zugrunde gehen, sind die Amosworte von bestürzender Aktualität.

Micha: Anwalt der kleinen Leute

Der Prophet Micha wirkte etwa zwischen 730 und 700 im Südreich Juda, genauer in Moreschet, einem kleinen Landstädtchen südwestlich von Jerusalem, in dem damals eine Garnison untergebracht war. Jerusalem war durch eine Reihe von fünf Orten, die als Festungen ausgebaut waren, gegen Angreifer von der Küstenebene her geschützt. Micha sah es als seine Aufgabe an, die kleinen Leute in Moreschet gegen die Übergriffe der Militärs zu schützen, zumal der größte Teil der Männer zu Zwangsarbeiten in Jerusalem verpflichtet war. Er verteidigt Frauen und Kinder seines Volkes gegen die, die willkürlich Häuser und Grundstücke konfiszieren. Doch hören wir ihn selbst:

Gegen die Habsucht der Reichen: Micha 2,1-10

„*1 Weh denen, die auf ihrem Lager Unheil planen*
und Böses ersinnen.
Wenn es Tag wird, führen sie es aus;
denn sie haben die Macht dazu.
2 Sie wollen Felder haben und reißen sie an sich,
sie wollen Häuser haben und bringen sie in ihren Besitz.
Sie wenden Gewalt an gegen den Mann und sein Haus,
gegen den Besitzer und sein Eigentum.
3 Darum – so spricht der Herr:
Seht, ich plane Unheil gegen diese Sippe.

Dann könnt ihr den Hals
nicht mehr aus der Schlinge ziehen
und ihr werdet den Kopf nicht mehr so hoch tragen;
denn es wird eine böse Zeit sein.
[4] An jenem Tag singt man ein Spottlied auf euch,
und es ertönt die Klage:
Vernichtet sind wir, vernichtet!
Den Besitz seines Volkes veräußert der Herr
und niemand gibt ihn zurück;
an Treulose verteilt er unsere Felder.
[5] Darum wird in der Gemeinde des Herrn keiner mehr sein,
der euch einen Acker zuteilt mit der Messschnur.
[6] Sie geifern: Prophezeit nicht!, und sagen:
Man soll nicht prophezeien:
Diese Schmach wird nicht enden.
[7] Ist etwa das Haus Jakob verflucht?
Hat der Herr die Geduld verloren?
Sind das seine Taten?
Sind seine Worte nicht voll Güte
gegenüber dem, der geradeaus geht?
[8] Gestern noch war es mein Volk,
jetzt steht es da als mein Feind.
Friedlichen Menschen reißt ihr den Mantel herunter,
arglose Wanderer nehmt ihr gefangen, als wäre Krieg.
[9] Die Frauen meines Volkes vertreibt ihr
aus ihrem behaglichen Heim,
ihren Kindern nehmt ihr für immer mein herrliches Land.
[10] (Ihr sagt:) Auf, fort mit euch!
Hier ist für euch kein Ort der Ruhe mehr.
Wegen einer Kleinigkeit pflegt ihr zu pfänden;
diese Pfändung ist grausam."

Wie Amos macht Micha sich zum Anwalt der kleinen Leute, die den Übergriffen der Armee wehrlos ausgeliefert sind. „Da muss sich ein Offizier auf längeres Verbleiben in der Garnison einrichten. Schnell keimen die Pläne, ein Haus für sich räumen zu lassen ..." (H.W. Wolff).

Micha schildert eindringlich die Hilflosigkeit der Bevölkerung. Da entsteht in einer schlaflosen Nacht ein Plan und gleich am nächsten Tag wird er ausgeführt. Denn niemand ist da, solchem Treiben Einhalt zu gebieten. Micha tritt dem entgegen – im Namen seines Gottes.
Aber die so Gescholtenen sind durchaus dickfellig (V. 6): "*Sie geifern: Prophezeit nicht! Und sagen: Man soll nicht prophezeien.*" Auf gut deutsch: Predigt nicht, man soll nicht predigen. Lieber Micha, halt du dich da raus. Immobilienprobleme und Arbeitsverpflichtungen sind kein Predigtthema! Die mit den kleinen Bauern fertig werden, glauben allemal, mit dem Propheten fertigwerden zu können. Mehr noch, sie tarnen sich mit der Maske des frommen Biedermannes, sie beschwören das Credo Israels und die Psalmen (V. 7). Man ist sich des Segens Gottes gewiss.
Aber Micha lässt nicht locker: 8b-10. Er nennt die Dinge beim Namen: Überfälle plündernder Soldaten, Frauen wird ihr behagliches Heim genommen, Kindern die Geborgenheit. Micha hat tiefes Mitleid mit den Betroffenen. Sein Urteil über die Herzlosigkeit der Machthaber ist vernichtend. Micha ist überzeugt: Dieses herrliche Land hat Gott allen geschenkt. Im Grunde gehört das Land Gott. Alle sollen von seinen Früchten und Reichtümern leben können. Doch: Eine vergessliche Gesellschaft wollte die Kritik Michas nicht hören. Und nun geht er fast sarkastisch zum Angriff über – man hat fast den Eindruck, als ob er sich immer mehr in Rage redet:
„Würde einer sich nach dem Wind drehen
und dir vorlügen:
Ich prophezeie dir Wein und Bier!,
das wäre ein Prophet für dieses Volk."
(Mi 2,11)

Ja, jemand, der den Leuten nach dem Mund redet und für ihr Tun die fromme Rechtfertigung liefert: Genießt Gottes gute Schöpfungsgaben: Das wäre ein willkommener Prophet! Und solche Propheten hat's gegeben, damals, angestellt am Tempel in Jerusalem. Auch der Prophet Jeremia befand sich mit diesen Berufspropheten in einem unversöhnlichen Konflikt.

Gegen die habgierigen Propheten: Micha 3,5-8

„[5] So spricht der Herr gegen die Propheten:
Sie verführen mein Volk.
Haben sie etwas zu beißen,
dann rufen sie: Friede!
Wer ihnen aber nichts in den Mund steckt,
dem sagen sie den Heiligen Krieg an.
[6] Darum kommt die Nacht über euch,
in der ihr keine Visionen mehr habt, und die Finsternis,
in der ihr nicht mehr wahrsagen könnt.
Die Sonne geht unter für diese Propheten
und der Tag wird schwarz über ihnen.
[7] Die Seher werden zuschanden,
die Wahrsager müssen sich schämen.
Sie müssen alle ihren Bart verhüllen;
denn Gottes Antwort bleibt aus.
[8] Ich aber, ich bin voller Kraft,
ich bin erfüllt vom Geist des Herrn,
voll Eifer für das Recht und voll Mut,
Jakob seine Vergehen vorzuhalten
und Israel seine Sünden.“

Die Führungsschicht Jerusalems ist korrupt, bis hinein in die Kreise der Priester und Propheten. Sie nehmen Geld und sagen Gott. Die Propheten sind käuflich geworden. Sie verkünden, was die Leute hören wollen. Darum wird Gott sie ihrer Finsternis überlassen, sie werden nichts mehr zu sagen haben. Micha dagegen eifert für das Recht, er hat den Mut, Unpopuläres zu sagen.

Gegen die bestechlichen Führer des Volkes: Micha 3,9-12

„[9] Hört doch, ihr Häupter des Hauses Jakob
und ihr Richter aus dem Haus Israel!

Ihr verabscheut das Recht
und macht alles krumm, was gerade ist.
[10] Ihr erbaut Zion mit Blut
und Jerusalem mit lauter Unrecht.
[11] Die Häupter dieser Stadt sprechen Recht
und nehmen dafür Geschenke an,
ihre Priester lehren gegen Bezahlung.
Ihre Propheten wahrsagen für Geld,
und doch berufen sie sich auf den Herrn und sagen:
Ist nicht der Herr in unserer Mitte?
Kein Unheil kann über uns kommen.
[12] Darum wird Zion euretwegen
zum Acker, den man umpflügt,
Jerusalem wird zu einem Trümmerhaufen,
der Tempelberg zur überwucherten Höhe.“

Die Richter verabscheuen das Recht, dem sie doch eigentlich zum Durchbruch zu verhelfen hätten! Unter König Hiskija hatte die Bautätigkeit in Jerusalem eindrucksvolle Ausmaße erreicht. Sie kennen vielleicht den berühmten Tunnel, 512 m lang, der das Wasser der Gihon-Quelle in den Teich Schiloach leitet – bis heute! Micha sagt, was diese Bautätigkeit die kleinen Leute kostet: *„Ihr erbaut Zion mit Blut und Jerusalem mit lauter Unrecht"* (V. 10).

Die Klage über die Bestechlichkeit der Richter ist im AT häufig. Die Propheten und Priester sind nicht besser. Und sie vertuschen ihr böses Tun durch fromme Worte, die aus der Liturgie stammen: *„Jahwe ist in unserer Mitte.“* Mit unglaublich scharfen Worten sagt der Prophet den Untergang Jerusalems an. In dieser Schärfe hatte man das noch nie von einem Propheten gehört. In den Ohren damaliger Hörer muss das fast blasphemisch geklungen haben. Gut 120 Jahre später wird, was Micha angekündigt hatte, grausame Wirklichkeit.

Jesaja: Schneidende Gesellschaftskriti

Der Prophet Jesaja war Zeitgenosse von Amos und Micha. Seine Tätigkeit muss man etwa von 736–701 v. Chr. ansetzen. Auch er hat in einer Zeit des Wohlstands gelebt. Doch wetterleuchtete es schon am Horizont. 722 fällt Samaria. Auch das Jesajabuch ist im Verlauf mehrerer Jahrhunderte langsam gewachsen. Offenbar hat die Gestalt des Jesaja noch viele Generationen fasziniert. Viele seiner Texte gehören in die exilische und nachexilische Zeit. Die sozialkritischen Texte im ersten Teil des Buches dürften weiterhin auf den historischen Propheten Jesaja zurückgehen. Gleich im ersten Kapitel fällt er ein vernichtendes Urteil über Jerusalem.

Das Gericht über Jerusalem: Jes 1,21-26

„²¹ Ach, sie ist zur Dirne geworden, die treue Stadt.
Einst war dort das Recht in voller Geltung,
die Gerechtigkeit war dort zu Hause,
jetzt aber herrschen die Mörder.
²² Dein Silber wurde zu Schlacke,
dein Wein ist verwässert.
²³ Deine Fürsten sind Aufrührer
und eine Bande von Dieben,
alle lassen sich gerne bestechen
und jagen Geschenken nach.
Sie verschaffen den Waisen kein Recht,
die Sache der Witwen gelangt nicht vor sie.
²⁴ Darum – Spruch Gottes, des Herrn der Heere,
des Starken Israels: Weh meinen Gegnern,
ich will Rache nehmen an ihnen,
mich rächen an meinen Feinden.
²⁵ Ich will meine Hand gegen dich wenden,
deine Schlacken will ich mit Lauge ausschmelzen,
all dein Blei schmelze ich aus.

²⁶ Ich will dir wieder Richter geben wie am Anfang
und Ratsherrn wie zu Beginn.
Dann wird man dich die Burg der Gerechtigkeit nennen,
die treue Stadt. "

Beeindruckend, wie der Prophet hier mit den Mächtigen im damaligen Jerusalem ins Gericht geht. Die treue Stadt ist zur Dirne geworden. Ihre führenden Leute sind eine Bande von Dieben. Ihre Richter sind bestechlich und verschaffen den Waisen und Witwen kein Recht. „Hurerei" ist im Alten Testament oft ein Bild für den Abfall Israels zu anderen Göttern. Hier allerdings beklagt der Prophet vor allem den Mangel an sozialer Gerechtigkeit. Die gehört unbedingt mit einer intakten Gottesbeziehung zusammen. Eine wahre Talfahrt wird geschildert: Früher herrschte das Recht, jetzt aber die Mörder. In V. 24 stimmt Jesaja die Totenklage an. Gott wird Rache nehmen, zugleich aber wird er das Böse ausschmelzen, am Ende wird die Stadt wieder wie am Anfang Richter haben und die treue Stadt genannt. Doch die Gegenwart ist bestimmt von Verfall und Schmutz. Wie mögen die damals tonangebenden Leute eine solche Kritik aufgenommen haben? – Vor diesem Hintergrund wird der festliche Gottesdienst im Tempel fragwürdig:

Der falsche und der wahre Gottesdienst: Jes 1,10-17

„*¹⁰ Hört das Wort des Herrn, ihr Herrscher von Sodom!*
Vernimm die Weisung unseres Gottes, du Volk von Gomorra!
¹¹ Was soll ich mit euren vielen Schlachtopfern?,
spricht der Herr.
Die Widder, die ihr als Opfer verbrennt, und das Fett eurer
Rinder habe ich satt;
das Blut der Stiere, der Lämmer und Böcke ist mir zuwider.
¹² Wenn ihr kommt, um mein Angesicht zu schauen –
wer hat von euch verlangt, dass ihr meine Vorhöfe zertrampelt?
¹³ Bringt mir nicht länger sinnlose Gaben,
Rauchopfer, die mir ein Gräuel sind.
Neumond und Sabbat und Festversammlung –
Frevel und Feste – ertrage ich nicht.

¹⁴ Eure Neumondfeste und Feiertage
sind mir in der Seele verhasst,
sie sind mir zur Last geworden,
ich bin es müde, sie zu ertragen.
¹⁵ Wenn ihr eure Hände ausbreitet,
verhülle ich meine Augen vor euch.
Wenn ihr auch noch so viel betet,
ich höre es nicht.
Eure Hände sind voller Blut.
¹⁶ Wascht euch, reinigt euch!
Lasst ab von eurem üblen Treiben!
Hört auf, vor meinen Augen Böses zu tun!
¹⁷ Lernt, Gutes zu tun!
Sorgt für das Recht! Helft den Unterdrückten!
Verschafft den Waisen Recht,
tretet ein für die Witwen!"

Die Kritik hier bei Jesaja fällt weitaus schärfer aus als oben beim Propheten Amos (5,21–24). Und wieder geht die Zielrichtung der Kritik
auf den Einsatz für die kleinen Leute, die Waisen und Witwen, die in
der damaligen Gesellschaft offensichtlich zu den ärmsten der Armen
gehörten. Dass an sie so häufig und mit solcher Schärfe erinnert wird,
lässt ahnen, wie sehr sie angesichts einer korrupten Justiz schlicht das
Nachsehen hatten. – Solche „Kultkritik" ist bei den Propheten weit
verbreitet. Aber man sollte nicht das Kind mit dem Bade ausschüt-
ten: Abgelehnt werden nicht Kult und Gottesdienst an sich, sondern
die Ärgernis erregende Tatsache, dass der Alltag mit seinem Unrecht
dem Gottesdienst total widerspricht. Jesaja spricht aufreizend, in damaligen Ohren muss das skandalös geklungen haben – und er setzt
über all das die Überschrift: Hört das Wort des Herrn …

Wider dem Luxus der Oberschicht: Jes 3,16–4,1

„¹⁶ Der Herr sprach: Weil die Töchter Zions hochmütig sind, ihre
Hälse recken und mit verführerischen Blicken daherkommen, im-

merzu trippelnd daherstolzieren und mit ihren Fußspangen klirren, [17] *darum wird der Herr den Scheitel der Töchter Zions mit Schorf bedecken und ihre Schläfen kahl werden lassen.* [18] *An jenem Tag wird ihnen der Herr ihren Schmuck wegnehmen: die Fußspangen, die kleinen Sonnen und Monde,* [19] *die Ohrgehänge und Armkettchen, die Schleier* [20] *und Turbane, die Fußkettchen und die Prachtgürtel, die Riechfläschchen und die Amulette,* [21] *die Fingerringe und Nasenreife,* [22] *die Festkleider und Umhänge, die Umschlagtücher und Täschchen* [23] *und die Spiegel, die feinen Schleier, die Schals und Kopftücher.*
[24] *Dann habt ihr Moder statt Balsam,*
Strick statt Gürtel, Glatze statt kunstvolle Locken,
Trauergewand statt Festkleid,
ja, Schande statt Schönheit.
[25] *Deine Männer sterben durchs Schwert,*
deine jungen Krieger fallen im Kampf.
[26] *Zions Tore ächzen und klagen;*
ausgeplündert sitzt es am Boden.
[4,1] *An jenem Tag klammern sich sieben Frauen an einen einzigen Mann und sagen: Wir wollen unser eigenes Brot essen und uns selber kleiden, nur lass uns deinen Namen tragen, nimm die Schande von uns!"*

Dieser Text scheint geradezu mit innerer Lust geschrieben. Wie er hier die Damen der Jerusalemer Oberschicht schildert, die sich alle Accessoires der neuesten Mode leisten können, das hat fast kabarettistische Züge. Man sollte diesen Text nicht frauenfeindlich nennen. Mit den Männern der Oberschicht wird der Prophet in dem folgenden Text genauso scharf umgehen. Es sind ja nicht die „normalen" Frauen Jerusalems, die sich einen solchen Luxus überhaupt nicht hätten leisten können. Es ist eine schmale reiche Oberschicht, die hier „vorgeführt" wird. Modische Kleidung und Luxus waren damals nur ganz wenigen möglich. Die reichen Frauen tragen ihren Reichtum zur Schau. Der größte Teil der Bevölkerung hätte sich das überhaupt nicht leisten können. Das ist es, was den Propheten aufregt!

Der Text beginnt mit einer Gerichtsankündigung in VV. 16-17: „Weil ...
darum". Darum wird sie ein schreckliches Strafgericht treffen: Schorf
auf dem Kopf und infolge dessen eine Glatze! VV. 18-23 bringt eine
eindrucksvolle Liste der Modeartikel, die manche Ausleger dem Propheten Jesaja gar nicht zutrauen wollen. Doch hinter dem kabarettisti-
schen Text steckt Zorn! VV. 24-26 künden den reichen Frauen eine
bedrängende Zukunft an. Viele Männer werden durch den Krieg umkommen. Dann werden die Frauen froh sein, wenn sie überhaupt einen
Mann kriegen. In 4,1 werden die Folgen drastisch geschildert.

Das Lied vom Weinberg: Jes 5,1-7

„*[1] Ich will ein Lied singen*
von meinem geliebten Freund,
ein Lied vom Weinberg meines Liebsten.
Mein Freund hatte einen Weinberg
auf einer fruchtbaren Höhe.
[2] Er grub ihn um und entfernte die Steine
und bepflanzte ihn mit den edelsten Reben.
Er baute mitten darin einen Turm
und hieb eine Kelter darin aus.
Dann hoffte er,
dass der Weinberg süße Trauben brächte,
doch er brachte nur saure Beeren.
[3] Nun sprecht das Urteil, Jerusalems Bürger
und ihr Männer von Juda,
im Streit zwischen mir und dem Weinberg!
[4] Was konnte ich noch für meinen Weinberg tun,
das ich nicht für ihn tat?
Warum hoffte ich denn auf süße Trauben?
Warum brachte er nur saure Beeren?
[5] Jetzt aber will ich euch kundtun,
was ich mit meinem Weinberg mache:
Ich entferne seine schützende Hecke;
so wird er zur Weide.

Seine Mauer reiße ich ein;
dann wird er zertrampelt.
⁶ Zu Ödland will ich ihn machen.
Man soll seine Reben nicht schneiden
und soll ihn nicht hacken;
Dornen und Disteln werden dort wuchern.
Ich verbiete den Wolken, ihm Regen zu spenden.
⁷ Ja, der Weinberg des Herrn der Heere
ist das Haus Israel,
und die Männer von Juda sind die Reben,
die er zu seiner Freude gepflanzt hat.
Er hoffte auf Rechtsspruch –
doch siehe da: Rechtsbruch,
und auf Gerechtigkeit –
doch siehe da: Der Rechtlose schreit."

Der Prophet fängt ganz harmlos an, fast wie ein Bänkelsänger, der ein Liebeslied zum Besten gibt. In wunderschönen Bildern erzählt er, wie sich ein Weingärtner um seinen Weinberg bemüht, alles nur Erdenkliche tut. Und dann kommt die tiefe Enttäuschung. Der Prophet lässt die Maske des Sängers fallen und kommt unvermittelt zur Sache. Gemeint ist wieder das Volk Israel, genauer: die Oberschicht in Jerusalem. Gott hatte sein Volk mit Wohltaten geradezu überschüttet. Nun ist er tief enttäuscht, weil es völlig undankbar ist, Unrecht tut, unsolidarisch handelt. Wenn wir den Text im Buch Jesaja weiterlesen, erfahren wir sehr konkret, was Jesaja meint. Der Wohlstand der Reichen ist immer größer geworden, die Not der Armen immer lastender. Eine reiche Oberschicht leistet sich ein Leben in Luxus und süßem Nichtstun. Sie kann es sich leisten, schon früh am Morgen mit dem Trinken anzufangen.

Sechs Weherufe über das trotzige Israel: Jes 5,8.11.18.20-24

„⁸ Weh euch, die ihr Haus an Haus reiht
und Feld an Feld fügt,

bis kein Platz mehr da ist
und ihr allein im Land ansässig seid. ...
[11] Weh euch, die ihr schon früh am Morgen
hinter dem Bier her seid
und sitzen bleibt bis spät in die Nacht,
wenn euch der Wein erhitzt. ...
[18] Weh euch, die ihr die Strafe wie mit Ochsenstricken herbeizieht
und die Sünde wie mit Wagenseilen ...
[20] Weh denen, die das Böse gut
und das Gute böse nennen,
die die Finsternis zum Licht und das Licht zur Finsternis machen,
die das Bittere süß und das Süße bitter machen.
[21] Weh denen, die in ihren eigenen Augen weise sind
und sich selbst für klug halten.
[22] Weh denen, die Helden sind,
wenn es gilt, Wein zu trinken,
und tapfer, wenn es gilt, starke Getränke zu brauen,
[23] die den Schuldigen für Bestechungsgeld freisprechen
und dem Gerechten sein Recht vorenthalten.
[24] Darum: Wie des Feuers Zunge die Stoppeln frisst
und wie das Heu in der Flamme zusammensinkt,
so soll ihre Wurzel verfaulen
und ihre Blüte wie Staub aufgewirbelt werden.
Denn sie haben die Weisung des Herrn der Heere von sich gewiesen
und über das Wort des Heiligen Israels gelästert."

Dieser Text schließt sich unmittelbar an das Lied vom Weinberg an: „Weh euch" – der Prophet stimmt die Totenklage an über die Reichen, die ihr Leben genießen. Ein paar Leute in Jerusalem bestimmen, wo es lang geht, auch die Justiz ist korrupt. Haus- und Bodenspekulanten reißen immer mehr Besitz an sich, die kleinen Leute können sich nicht wehren. Die Gesellschaft ist zutiefst verdorben. Alle verbindlichen Werte werden auf den Kopf gestellt. Wer die wirtschaftliche oder politische Macht hat, kann bestimmen, was Recht ist. Der Prophet ist tief betroffen. Da wird die Basis des Gemeinwesens zerstört. Er lässt seinen Gott sagen: *„Was konnte ich noch für meinen Weinberg tun, das ich nicht für ihn tat?"* (Jes 5,4).

Eindringlich appelliert Jesaja an seine Zeitgenossen: Gott hat euch mit Wohltaten überhäuft, hat euch dieses herrliche Land geschenkt. Doch statt dankbar und solidarisch zu sein, wurdet ihr vergesslich, euer ganzes Denken kreist nur noch um euch selbst. Eure politische Macht seht ihr wie einen Selbstbedienungsladen. Statt die Reichtümer des Landes allen zugutekommen zu lassen, rafft ihr sie zusammen, auf Kosten anderer, auf Kosten der kleinen Leute. Ihr lügt euch selber die Wirklichkeit zurecht, stellt alle moralischen Maßstäbe auf den Kopf. In V. 14 macht sich der ganze Zorn des Propheten Luft: *„Darum sperrt die Unterwelt ihren Rachen auf, maßlos weit reißt sie ihr Maul auf, so-dass des Volkes Pracht und Reichtum hinabfährt, der ganze lärmende, johlende Haufen."* Ein schier unglaublicher Text! Die ganze Pracht, der ganze Reichtum des Volkes, samt seinen Menschen wird in den Orkus fahren! So drastisch sagen die Propheten der Bibel ihre Meinung!

Mich überrascht es immer wieder, mit welcher Hellsichtigkeit biblische Texte ihre Zeit durchschauen.

Beunruhigung über soziale Gegensätze in unserer heutigen Gesellschaft – das muss ein Thema von Christen sein. Unser neuer Papst Franziskus hat es eindringlich auf die Tagesordnung seiner Kirche gesetzt. Nehmen wir diese Herausforderung an? Die Propheten Amos, Micha und Jesaja argumentieren aus der Mitte ihres Glaubens. An Gott glauben – und gleichzeitig nur sein eigenes, privates Glück suchen – das geht nicht.

Der Prophet Micha sagt in 3,10: *„Ihr erbaut Zion mit Blut und Jerusalem mit lauter Unrecht."* Wir stehen heute staunend vor den großen baulichen Zeugnissen der Vergangenheit. Micha sagt hier, was sie die kleinen Leute gekostet haben und wer überhaupt die Arbeit getan hat. Unwillkürlich wird man an B. Brechts „Fragen eines lesenden Arbeiters" erinnert.

Fragen eines lesenden Arbeiters[1]

Wer baute das siebentorige Theben?
In den Büchern stehen die Namen von Königen.

---

[1] Berthold Brecht, Große Kommentierte Berliner und Frankfurter Ausgabe, © Suhrkamp Verlag, Berlin, 1988–1999, Bd 30, S.11

Haben die Könige die Felsbrocken herbeigeschleppt?
Und das mehrmals zerstörte Babylon? –
Wer baute es so viele Male auf? In welchen Häusern
Des goldstrahlenden Lima wohnten die Bauleute?
Wohin gingen an dem Abend, wo die Chinesische Mauer fertig war
Die Maurer? Das große Rom
Ist voll von Triumphbögen. Wer errichtete sie? Über wen
Triumphierten die Cäsaren? Hatte das vielbesungene Byzanz
Nur Paläste für seine Bewohner? Selbst in dem sagenhaften Atlantis
Brüllten in der Nacht, wo das Meer es verschlang
Die Ersaufenden nach ihren Sklaven.

Der junge Alexander eroberte Indien.
Er allein?
Cäsar schlug die Gallier.
Hatte er nicht wenigstens einen Koch bei sich?
Philipp von Spanien weinte, als seine Flotte
Untergegangen war. Weinte sonst niemand?
Friedrich der Zweite siegte im Siebenjährigen Krieg. Wer
Siegte außer ihm?

Jede Seite ein Sieg.
Wer kochte den Siegesschmaus?
Alle zehn Jahre ein großer Mann.
Wer bezahlte die Spesen?

So viele Berichte.
So viele Fragen.

Bertold Brecht

Am Schluss möchte ich noch einen Blick auf einen der sozialkritischen Psalmen lenken. Man darf solche Psalmen nicht als Zeugnis der „Armenfrömmigkeit" verharmlosen – sie kritisieren reale gesellschaftliche Verhältnisse.

Psalm 12: Die Falschheit der Menschen – die Treue Gottes

„² Hilf doch, o Herr, die Frommen schwinden dahin,
unter den Menschen gibt es keine Treue mehr.
³ Sie lügen einander an, einer den andern,
mit falscher Zunge und zwiespältigem Herzen reden sie.
⁴ Der Herr vertilge alle falschen Zungen,
jede Zunge, die vermessen redet.
⁵ Sie sagen: „Durch unsre Zunge sind wir mächtig;
unsre Lippen sind unsre Stärke. Wer ist uns überlegen?"
⁶ Die Schwachen werden unterdrückt, die Armen seufzen.
Darum spricht der Herr: „Jetzt stehe ich auf,
dem Verachteten bringe ich Heil."
⁷ Die Worte des Herrn sind lautere Worte,
Silber, geschmolzen im Ofen,
von Schlacken geschieden, geläutert siebenfach.
⁸ Du, Herr, wirst uns behüten
und uns vor diesen Leuten für immer erretten,
⁹ auch wenn die Frevler frei umhergehen
und unter den Menschen die Gemeinheit groß wird."

Auch dieser Psalm protestiert wie überhaupt die sozialkritischen Psalmen mit einem Hilfeschrei gegen eine zutiefst korrupte Gesellschaft. Selbst in einem so „frommen" Buch wie dem Buch der Psalmen findet sich solch massive Kritik an den sozialen Verhältnissen ihrer Zeit. Vor allem aber binden sie den Gottesglauben und den Protest gegen die Ausbeutung der Armen und den Einsatz für Gerechtigkeit eng zusammen.

Literatur
- H. W. Wolff, Joel und Amos, BK AT, 14/2, Neukirchen-Vluyn, ³1985
- J. Jeremias, Der Prophet Amos, Das Alte Testament Deutsch, 24/2 Göttingen 1995
- U. Dahmen/ G. Fleischer, Das Buch Joel. Das Buch Amos, NSK AT, 23/2, Stuttgart 2001

- H. W. Wolff, Micha, BK AT, 14,4, Neukirchen-Vluyn, 1982
- R. Oberforcher, Das Buch Micha, NSK AT 24,2, Stuttgart 1995
- R. Kessler, Micha, H Th K AT, Freiburg ² 2000
- J. Jeremias, Die Propheten Joel, Obadja, Jona, Micha ATD 24,3, Göttingen 2007
- O. Kaiser, Der Prophet Jesaja, ATD 17, Göttingen 1960
- H. Wildberger, Jesaja Kapitel 1-12, BK AT 10,1, Neukirchen-Vluyn ² 1980
- R. Kilian, Jesaja 1-12, NEB 17, Würzburg 1986
- P. Höffken, Das Buch Jesaja Kapitel 1-39, NSK AT 18,1, Stuttgart 1993
- W. A. Beuken, Jesaja 1-12, H Th K AT, Freiburg 2003

„Seht, jetzt schaffe ich Neues"
(Jes 40–55)

Eine prophetische Stimme gegen die Resignation (Jes 40,1–11)

Unser Glaube, unsere Gemeinden, unsere Kirche befinden sich in einer tiefen Krise. Wer könnte das leugnen? Resignation, Ohnmachtsgefühle und Enttäuschung machen sich breit. Ob solche Reaktionen uns aus der Sackgasse führen?

In den letzten Jahren hat mich zunehmend der zweite Teil des Jesaja-Buchs fasziniert. Er enthält Texte, die in der Zeit des babylonischen Exils oder kurz danach entstanden sind.

Der Schock des Zusammenbruchs

Vergegenwärtigen wir uns: Der Tempel, der Ort der Gegenwart Gottes in seinem Volk, liegt in Trümmern. Die Stadt Jerusalem ist völlig zerstört. Das davidische Königtum hat aufgehört zu existieren. Alle religiösen und politischen Institutionen sind zerbrochen. Vor allem: Ein großer Teil der Bewohner, besonders aus der Oberschicht, ist nach Babylon in die Verbannung verschleppt.

Drängende Fragen stellen sich: Hatte Gott sein Volk verlassen? Die Zusage, er werde mit seinem Volk sein – war sie nur ein leeres Wort? Gott schien in unendliche Ferne gerückt. Eine hirnverbrannte Politik hatte das Desaster verschuldet, auszubaden hatten es alle. Das Unglück hatte Schuldige und Unschuldige in gleicher Weise getroffen. Wie lässt sich das mit der Gerechtigkeit Gottes vereinbaren? Der Glaube selber, in seinem Kern, stand in Frage.

Und dann folgen die langen, zermürbenden Jahrzehnte in den Flüchtlingsdörfern Babylons. Trostlosigkeit macht sich breit: *„Der Herr hat mich verlassen, Gott hat mich vergessen"* (Jes 49,14) – das ist die Stimmung, wie sie in Babylon immer mehr um sich greift.

Darin mischt sich auch die zweifelnde Frage, ob die Götter Babylons etwa mächtiger sind als Israels Gott. Die fremde Welt der Götter Babylons mit ihren eindrucksvollen Tempelanlagen und Prozessionen, mit ihrer Verehrung der Gestirne, mit ihrem sagenhaften astronomischen Wissen – all das musste einen faszinierenden Eindruck machen und drohte den überkommenen Glauben endgültig aufzusaugen. Tatsächlich haben damals viele jüdische Menschen den überlieferten Glauben aufgegeben. Die noch daran festhielten, sahen sich als eine schrumpfende Minderheit.

„Tröstet, tröstet mein Volk!" (Jes 40,1-2)

In dieser Zeit tiefer Hoffnungslosigkeit, als ein Jahrzehnt nach dem anderen dahinging, ohne dass irgendeine Änderung in Sicht wäre, entstanden die meisten Texte aus dem zweiten Teil des Jesaja-Buchs (Jes 40-55). Es war eine Zeit bohrender Fragen und Zweifel, eine Zeit abgrundtiefer Enttäuschung. Und das Erstaunliche: Kaum irgendwo in der Bibel finden wir Texte, die so von Hoffnung und Zuversicht geradezu strotzen. *„Tröstet, tröstet mein Volk, spricht euer Gott. Redet Jerusalem zu Herzen und verkündet der Stadt, dass ihr Frondienst zu Ende geht, dass ihre Schuld beglichen ist; denn sie hat die volle Strafe erlitten von der Hand des Herrn für all ihre Sünden"* (Jes 40,1-2). Das hebräische Verb, das hier (zutreffend) mit „trösten" übersetzt ist, hat die Grundbedeutung „heftig atmen, tief seufzen". Ein wunderschönes Bild: Es ist, wie wenn jemand aus tiefster Seele befreit aufseufzt. Gott will seinem Volk ein Aufatmen schenken! Mehr noch: Die Schuld ist beglichen. Der Frondienst geht zu Ende. Nun ist es genug. Es bringt nichts, immer wieder im Vergangenen herumzuwühlen. So käme man aus den Depressionen nie heraus. Es gilt, sich der Zukunft zu öffnen. Hier wird auch eine Brücke zu Jes 1,2-9 geschlagen, wo sehr drastisch von der Schuld und Untreue des Volkes die Rede ist. Jetzt heißt es: Die Schuld Jerusalems ist beglichen (40,2). Der Diagnose, das ganze Herz Jerusalems sei „krank" (Jes 1,5), steht der Aufruf der Tröster gegenüber, Jerusalem „zu Herzen" zu reden (U. Berges).

„Bahnt für den Herrn einen Weg durch die Wüste!" (Jes 40,3-5)

Der unbekannte Prophet (es kann auch eine Gruppe von Propheten gewesen sein), dem wir diese Aussagen verdanken, tritt vermutlich gegen Ende der Exilszeit auf, etwa ab 550, als der kometenhafte Aufstieg des Perserkönigs Kyrus beginnt. Kyrus wird für ihn zum Hoffnungsträger. Der heidnische König wird zum Werkzeug Gottes. Der Text wagt sogar, ihn den „Messias", den „Gesalbten" Gottes zu nennen (Jes 45,1). Befreiung wird angekündigt, in den Bildern eines neuen Exodus: *„Eine Stimme ruft: Bahnt für den Herrn einen Weg durch die Wüste! Baut in der Steppe eine ebene Straße für unseren Gott! Jedes Tal soll sich heben, jeder Berg und Hügel sich senken. Was krumm ist, soll gerade werden, was hügelig ist, werde eben"* (Jes 40,3-4). Der unbekannte Prophet kündigt seinen resignierten Landsleuten, denen die Luft der Hoffnung immer mehr ausging, die ihre Lage kaum noch ertragen konnten, die große Wende an. Nun ist es genug. Die Zeit der Demütigung hat ein Ende (40,2). Er entfaltet die großartige Vision einer Prachtstraße quer durch die Wüste, geradewegs auf Jerusalem zu. Alle Hindernisse werden beseitigt, geradezu mit spielerischer Leichtigkeit. Die Wunder des Exodus werden sich wiederholen, werden weit überboten. Da, wo Menschen keinen Weg mehr sehen, wo alles aussichtslos scheint, wo Unrecht und Unterdrückung frech triumphieren, wird Gott von Neuem eingreifen, wird er einen Weg weisen, aus aller Ausweglosigkeit hinaus.

Ist das nur fromme Schwärmerei? Offensichtlich beobachtet der Prophet hellwach die damalige Zeitgeschichte. Er sieht, wie der Perserkönig Kyrus erstarkt, er hat offenbar registriert, dass dieser König den unterworfenen Völkern Religionsfreiheit gewährt, dass er religiöse Toleranz übt, er ahnt voraus, dass er auch das inzwischen marode gewordene Reich der Babylonier erobern wird.

Marduk war in Babylon zum obersten Gott geworden. Er galt als Schöpfer des Weltalls. In seinem Heiligtum in Babylon wurde jedes Jahr am Neujahrsfest das babylonische Schöpfungsepos verlesen. Nabonid, der damalige König, verehrte den Mondgott Sin. Er hatte sich zu dessen Verehrung in die Wüste zurückgezogen. Die Marduk-Priester in Babylon gingen mehr und mehr in Opposition zu ihm. Als der Perserkönig Kyrus nach Babylon kam, haben ihm die Marduk-Priester die Tore geöffnet. Und offensichtlich hat Kyrus eine tolerantere Religionspolitik praktiziert, als die Babylonier und die übrigen Großmächte der alten Welt sie bis dahin praktiziert hatten. Davon hatten auch die nach Babylon verbannten Judäer profitiert. Die vom Propheten vorausgesagte Wirklichkeit fiel dann später wesentlich bescheidener aus. Allerdings war die Religionspolitik des Kyrus um Längen besser und menschlicher als die der früheren Weltmächte.

Kyrus hatte offenbar eine gut funktionierende PR-Abteilung. Ein Beispiel dafür findet sich auf dem berühmten Kyruszylinder, der post festum (nachträglich) auf das Ereignis der Eroberung Babylons zurückblickt; er ist ein Beispiel dafür, wie geschickt Kyrus es verstand, die unterjochten Völker für sich zu gewinnen. Ein Auszug: *„Marduk, der große Herr, der seine Leute pflegt, blickte freudig auf seine guten Taten und sein gerechtes Herz. Er befahl ihm, nach seiner Stadt Babel zu gehen, und er ließ ihn den Weg nach Babel einschlagen. Gleich einem Freunde und Genossen ging er an seiner Seite. ... Ohne Kampf und Schlacht ließ er ihn in seine Stadt Babel einziehen. Babel rettete er aus der Bedrängnis. Nabonid, den König, der ihn nicht verehrte, überantwortete er ihm. Die Einwohner von Babel insgesamt ... knieten vor ihm nieder, küssten seine Füße, freuten sich über seine Königsherrschaft, es leuchtete ihr Antlitz. ... Tag für Tag kümmerte ich mich um seine (Marduks) Verehrung. Meine umfangreichen Truppen marschierten friedlich durch Babel. ... Die Stadt Babel und alle ihre Kultstätten hütete ich in Wohlergehen.“*

Vielleicht sind die nach Babylon Exilierten zum Teil auch dieser Propaganda des Kyrus auf den Leim gegangen. Jedenfalls galt er einem Teil der jüdischen Deportierten als „Gesalbter Gottes“ (vgl. Jes 45,1), als „Hirte Gottes“ (vgl. Jes 44,28). Er wurde von Gott gerufen; Jes 41,1-5, 44,24-45,8 sprechen ganz unzweideutig von ihm. Auch 48,12-16 sieht Kyrus als den, der den Willen Gottes vollstreckt. Auch die Marduk-Priester in Babylon waren offensichtlich der Propaganda des Kyrus willig gefolgt.

Die prophetische Stimme, die sich hier meldet, sieht jedenfalls in der gegenwärtigen Geschichte nicht nur die deprimierenden Fakten – die gibt es übergenug und viele seiner Landsleute sehen nur die düsteren Zeichen der Zeit. Nein, sie sieht auch die Hoffnungszeichen und verbindet diese mit den Erfahrungen der eigenen religiösen Tradition, vor allem mit der Exodus-Erfahrung, wo Gott in scheinbar völlig auswegloser Lage doch einen Ausweg zeigte. Es ist keine schwärmerische, sondern eine nüchterne, begründete Hoffnung.

Ein Berufungstext (Jes 40,6-8)

Der Anfang dieses Textes ist auf den ersten Blick sehr verwirrend. Wer spricht gerade? Mir persönlich erscheint der Text am plausibelsten, wenn man ihn folgendermaßen aufteilt:

Erste Stimme: *„⁶ Eine Stimme sagte: Verkünde!"*

Zweite Stimme: *„Ich fragte: Was soll ich verkünden? Alles Sterbliche ist wie das Gras, und all seine Schönheit ist wie die Blume auf dem Feld. ⁷ Das Gras verdorrt, die Blume verwelkt, wenn der Atem des Herrn darüberweht."*

Erste Stimme: *„Wahrhaftig, Gras ist das Volk. ⁸ Das Gras verdorrt, die Blume verwelkt, doch das Wort unseres Gottes bleibt in Ewigkeit."*

Hier findet ein Dialog statt zwischen der Stimme, die den Propheten beruft, und den Einwänden, in denen dieser die tiefe Resignation seiner Zeitgenossen zum Ausdruck bringt. Die Stimme aus der göttlichen Welt wischt die Einwände nicht einfach beiseite. Sie greift sie auf, bestätigt sie und führt zugleich über diese Klage hinaus. Sie verweist auf die Zuverlässigkeit und Treue des Wortes Gottes, welches nicht leeres Gerede, sondern wirkmächtiges Wort ist: *„Denn wie der Regen und der Schnee vom Himmel fällt und nicht dorthin zurückkehrt, sondern die Erde tränkt und sie zum Keimen und Sprossen bringt, wie er dem Sämann Samen gibt und Brot zum Essen, so ist es auch mit dem Wort, das meinen Mund verlässt: Es kehrt nicht leer zu mir zurück, sondern bewirkt, was ich will, und erreicht all das, wozu ich es ausgesandt habe"* (Jes 55,10f.).

Dieser Dialog macht bewegend deutlich, wie sehr der Prophet auch gegen seine eigene Resignation ankämpfen muss. Was soll ich denn verkünden? Was soll ich den entmutigten Menschen sagen? Er kleidet seine Zweifel in ein eindrucksvolles Bild. Die wunderbare Blütenpracht des orientalischen Frühlings, die im heißen Wind des Frühsommers von einem Tag auf den anderen verdorrt, ist ein in der Bibel weitverbreitetes Bild für die Vergänglichkeit und Hinfälligkeit menschlichen Lebens (vgl. Ps 103,15f.). Diese allgemeine Vergänglichkeitsklage wird nun auf die Situation der nach Babylon Verbannten übertragen. Die zermürbenden Jahrzehnte der Verbannung, das Wissen um die eigene Vergänglichkeit, das Erleben einer unaufhaltsam verrinnenden Zeit lassen eine Stimmung von Resignation und Trauer entstehen, von der auch der Prophet nicht unberührt bleibt. Werden wir nicht untergehen und von der Bühne der Weltgeschichte verschwinden, spurlos, wie so viele Völker vor uns? Wird die Geschichte nicht gleichgültig über unser Schicksaal hinweggehen? Das sind die zweifelnden Fragen, die den Propheten und seine Zeitgenossen bedrängen.

Wie ein Held … (Jes 40,9-11)

Wieder kommt die Stadt Jerusalem in den Blickpunkt. Am Anfang überlagern sich zwei Bilder: Das Bild des Siegesboten, der atemlos herbeigelaufen kommt, um die Nachricht von der gewonnenen Schlacht zu überbringen, wird sofort überlagert vom Bild des Spähers, der auf einen hohen Berg steigt, um ferne Ereignisse schon frühzeitig wahrzunehmen und anzukündigen (Jes 40,9).
In einem kühn vorausgreifenden Bild nimmt der Prophet die Zukunft vorweg. Im Zug der Heimkehrer offenbart sich Gott selbst. Er wird wie ein Hirt die Verbannten nach Jerusalem zurückführen, voll zärtlicher Fürsorge, aber auch mit Stärke und Festigkeit. Das ist die große Vision des Propheten, mühsam behauptet gegen die Resignation, die er auch in sich spürt. Gerade die zweifelnden Fragen, die er nicht verdrängt, sondern zulässt und ausspricht, machen seine Verkündigung so glaubwürdig. Er klagt über die Gleichgültigkeit der Ge-

schichte, die über das Schicksaal so vieler namenloser kleiner Leute scheinbar grausam hinweggeht. Trotz dieser massiven Anfechtung bekennt er sich zu dem Gott, dem das Schicksal jedes Einzelnen am Herzen liegt und wichtig ist.

Welch ein Gottesbild! Ein Gott, der mit Macht kommt, der mit starkem Arm herrscht. Und dieses Gottesbild geht dann in ein „mütterliches" Bild über. *„Wie ein Hirt führt er seine Herde zur Weide, er sammelt sie mit starker Hand. Die Lämmer trägt er auf dem Arm, die Mutterschafe führt er behutsam" (Jes 40,11).* In einem wunderbaren Bild sieht der Prophet Gott inmitten seines Volkes nach Jerusalem zurückkehren. Gott, auf der einen Seite der Starke und Mächtige, auf der anderen Seite ein Gott voll zärtlicher Fürsorge, wie ein Hirt, der die Lämmer ein Stück des Weges in seinem Gewandbausch trägt, der die Muttertiere rücksichtsvoll begleitet.

Dieser prophetische Mann muss damals auf seine Zeitgenossen einen tiefen Eindruck gemacht haben, zumindest auf einen kleinen Kreis, sonst hätten sie seine Worte kaum im Gedächtnis bewahrt und weitergegeben. Sie konnten spüren, wie sehr er sich mit ihnen und ihren Fragen solidarisch fühlte. Dabei spricht er eine hinreißend bildkräftige Sprache. Die Texte bilden ja geradezu eine Kaskade von anschaulichen Bildern. Sie werden das auch im Folgenden immer wieder bemerken.

Die Überlegenheit des einen Gottes (Jes 40,12-31)

Das Exil hatte nicht nur den Fortbestand Israels bedroht. Es hatte auch den Glauben an Jahwe als rettenden Gott schwer in Mitleidenschaft gezogen. Der Prophet stellt sich dem. Charakteristisch für Jesaja 40–48 ist der endgültige Durchbruch zum monotheistischen Bekenntnis. Die Epoche des Exils war für die Theologie Israels unglaublich fruchtbar. Am Tiefpunkt seiner Geschichte, in der Auseinandersetzung mit der ganz anderen Götterwelt der Babylonier, wurde der Gott Israels zum alleinigen und einzig wahren Gott. Gerade in Jes 40,12-31 werden wichtige Themen der Kapitel 41–48 wie in einer Ouvertüre vorweggenommen: Gottes Unvergleichlichkeit, seine Unermesslichkeit, seine Überlegenheit über andere Götter.

1. Strophe: Gottes Unermesslichkeit (VV. 12-14)

Der Text stellt eine Reihe von rhetorischen Fragen. Auf alle Fragen gibt es nur eine Antwort: niemand! Wer vermag die Schöpfung in ihrer Gesamtheit zu erfassen? Wer vermag das alles zu messen und zu wiegen? Natürliche und künstliche Messgeräte stehen nebeneinander. Mit der hohlen Hand das Meer vermessen? Mit der ausgespannten Hand den Himmel vermessen wollen? Es geht fast ins Groteske: Niemand würde so etwas einfallen. Genauso grotesk ist die Vorstellung, man könne mit einer Waage die Berge und mit den Gewichten auf der Waagschale die Hügel messen. Niemand kann mit seinen begrenzten Möglichkeiten die Schöpfung Gottes als Ganze erfassen. Das galt damals, das gilt auch heute, und heute erst recht, angesichts der unendlichen Weite des Alls, die uns in den letzten Jahren erst richtig ins Bewusstsein getreten ist, und uns manchmal wohl auch frösteln lässt. Der Gott, der hinter all dem steht, muss unermesslich groß sein.

V. 13 führt den Gedanken weiter; und hier wird die Vorstellung geradezu absurd. Den Geist Jahwes bestimmen zu wollen, wäre größenwahnsinnig. Natürlich steht diese Vorstellung im Alten Testament völlig einzigartig da. Ebenso absurd ist die zweite Frage. Dass Gott von jemand Beratung oder Unterrichtung brauche, wäre absurd. Vermutlich steht das auch gegen die vielen Berater in Babel, die trotz aller astrologischen Bemühungen das Schicksal Babels nicht haben voraussagen können (Jes 47,13: *„Du hast dir große Mühe gemacht mit deinen vielen Beratern ..."*). Ich kann mir hier nicht verkneifen, an die Beratung kirchlicher Stellen durch McKinsey zu erinnern. In V. 14b wird das noch auf die Spitze getrieben. Das Wort Mischpat, Recht, gehört im Jesaja-Buch zu den theologischen Kernbegriffen. Es meint vor allem den Rechtsanspruch, der den Armen vorenthalten wird, dem aber entsprochen werden muss und über den Jahwe selber wacht. In 40,27 wird die Frage formuliert: *„Warum sprichst* *du: Meinem Gott entgeht mein Recht?"* Entsprechend wird in Jes 42,1 als erste Aufgabe des Gottesknechtes erwähnt, den Völkern das Recht zu bringen.

Diese Texte sind Zeugnisse eines ungebrochenen Selbstbewusstseins. Geschichtlich gesehen liegt Israel am Boden. Und es formuliert derart selbstverständlich und überlegen seine Erfahrung des einen und einzigen Gottes. Alles, was existiert, verdankt sich ihm.

2. Strophe: Gott und die Völker (VV. 15-17)

In V. 15 ist von den Völkern die Rede, in V. 17 dann von allen Völkern. Bis hier war von der Unermesslichkeit der Schöpfung die Rede, nun sind es die Völker, die vor Jahwe ganz klein erscheinen. Angesichts der unermesslichen Wassermassen der Schöpfung sind die Völker nicht mehr als ein Tropfen am Eimer, und angesichts allen Staubes der Erde, des unermesslichen Gewichts von Bergen und Hügeln, sind sie nichts weiter als eine dünne Staubschicht auf der Waagschale. Die Völker gelten nicht nur wenig, für Jahwe gelten sie „wie nichts". Sie zählen nicht und gelten nichts. Das ist natürlich keine allgemeingültige Aussage, die man so in eine Dogmatik schreiben könnte. Es ist eine Aussage, an die Adresse des unterlegenen Israel gerichtet, eine Aussage, die die Zweifel der damaligen Menschen zerstreuen soll.

Der Libanon galt damals als Waldgebiet par excellence. Sein Reichtum an wilden Tieren war geradezu sprichwörtlich. Selbst wenn man allen Wald des Libanon aufstapeln würde und all seine wilden Tiere als Brandopfer darbrächte, solche Opfer würden nicht reichen, um Gottes Größe auch nur annähernd gerecht zu werden. In dem opferkritischen Psalm 50 heißt es in den Versen 8-10: *„Nicht wegen deiner Opfer rüge ich dich, deine Brandopfer sind mir immer vor Augen. Doch nehme ich von dir Stiere nicht an noch Böcke aus deinen Hürden. Denn mir gehört alles Getier des Waldes, das Wild auf den Bergen zu Tausenden."* Möglicherweise ist hier auch schon eine polemische Spitze gegen den massiven Opferkult für Marduk in Babylon zu spüren. Jedenfalls: Der Gott Israels hat es nicht nötig, durch

Opfer verehrt zu werden. Er übersteigt an Größe und Bedeutung jedes Maß an möglichen Opfern. Nebenbei: Der Libanon ist inzwischen völlig abgeholzt. Schon im Gilgamesch-Epos (um 1900 v. Chr.) gilt es als Frevel, wenn Gilgamesch, König von Uruk, und sein Freund Enkidu den Libanon durchstreifen und seine Bäume abholzen. Schon damals ahnte man etwas von Ökologie und Nachhaltigkeit!

Verglichen mit der Souveränität Gottes sind die Völker ein Nichts. Das ist hier Israel zum Trost gesagt, das von den Großmächten derart erniedrigt wurde. Es befindet sich am Tiefpunkt seiner Geschichte, wo viele in trostloser Depression zu versinken drohen. Und die Völker mit ihrer brutalen Macht triumphieren – doch nur scheinbar! Die Völker und ihre Könige kommen und gehen. Gott bleibt ihr souveräner Herr.

3. Strophe: Gott: Nicht in Bildern darstellbar (VV. 18-20)

In diesem Abschnitt geht es nicht in erster Linie um „Götzenpolemik", sondern um eine polemische Auseinandersetzung mit der Herstellung von Kultbildern. Der Abschnitt wirkt für damalige Verhältnisse sehr aufgeklärt. Die rhetorischen Fragen sollen bewusst machen: Es ist unmöglich, Gott mit einem von Menschen, selbst von kunstfertigen Händen gemachten Bild zu „vergleichen".

Der Gott, dem sich alles, was existiert, verdankt, dieser Gott ist unermesslich, durch kein Kultbild darstellbar. Der Schöpfer bleibt in seiner unermesslichen Schöpfung dem Menschen unfassbar. Dagegen gehen die Kultbilder, welche die Gottheiten vergegenwärtigen sollen, auf menschliche Kunstfertigkeit zurück. In V. 20 geht es um die Aufstellung des Götterbildes. Man muss sich einen erfahrenen Handwerker suchen, der die Statue so sicher installiert, dass sie nicht wackelt. Man muss fast ein wenig schmunzeln. Doch für die Auslegung solcher Texte ist es wichtig, die polemische Haltung der biblischen Verfasser in Rechnung zu stellen. Die Heftigkeit der Polemik lässt darauf schließen, dass die Attraktivität der Bilder auch für Israel/Jakob sehr hoch gewesen sein muss (Berges 59f.).

4. Strophe: Die Vergänglichkeit der Mächtigen (VV. 21-24)

Die rhetorischen Fragen von V. 21 wollen bei den Adressaten ein Wissen wachrufen, das bei ihnen eigentlich vorhanden ist oder vorhanden sein müsste. In V. 22 wird Gott als der gerühmt, der über dem Rund der Erde thront, der die Himmel wie einen Schleier ausspannt. Gott breitet den Himmel hier nicht als festes Gewölbe aus, sondern als dünnen Schleier. Das ähnelt Ps 104,2, wo Gott den Himmel wie ein Zelt ausspannt. Damit ist der vorübergehende Charakter betont, der auf allen Menschen lastet, die unter dieser Zeltdenke wohnen und daher Heuschrecken gleichen (Berges 149f.). Die Mächtigen der Erde, die Fürsten und die Richter, sie sind es nicht, die über den Gang der Geschichte beschließen. Es ist Gott, der sie wie Nichtiges macht.

Wurden die Menschen samt ihren Würdenträgern zuvor mit Heuschrecken verglichen, so wird ihre Vergänglichkeit nun mit Metaphern aus der Welt des Pflanzenanbaus vor Augen geführt. Pflanzen und Säen sind zwei Arten, neues Leben in Gang zu setzen. Beide stehen hier im Passiv, was ihre Abhängigkeit von Gott unterstreicht. Das Verb „wurzelschlagen" dagegen steht im Aktiv. Doch auch hier besteht keinerlei Aussicht auf Erfolg. Gott bläst die jungen Pflanzen an und sie verdorren. Wie Spreu trägt sie der Sturm davon. Die Spreu, die der Wind davonträgt, ist in der Bibel ein eindrucksvolles Bild für Bedeutungslosigkeit und Auflösung.

Die Mächtigen, die Israel fast vernichtet haben, die für das unsägliche Elend und Leid verantwortlich sind, sie sind doch vergänglich. Ihre Macht bleibt nicht. Der Sturm der Geschichte wird sie wie Spreu davontragen. Demgegenüber steht der souveräne Gott, der über der Geschichte steht, dessen Treue bleibt, der auch Israel tragen wird, durch alle Katastrophen hindurch.

5. Strophe: Gott und der Gestirnkult (VV. 25-26)

Die Frage, mit der V. 25 beginnt, gleicht der Frage in der 3. Strophe. Jetzt wird der Sprecher genannt: Der unvergleichliche Gott, dem kein

Kultbild entsprechen kann, ist der Heilige schlechthin. Nur hier ist im Buch Jesaja der Ausdruck „Heiliger" absolut gebraucht. Dieser heilige Gott duldet keine weltliche oder überweltliche Konkurrenz (Berges 155f.).

In V. 26 geht es um den Gestirnkult, der besonders in Babylon hoch im Kurs stand. Der Prophet setzt sich hier mit der babylonischen Gestirnvergötterung auseinander. Sonne, Mond und Sterne galten als göttliche Wesen, die über das Schicksal von Menschen und Völkern bestimmen. Demgegenüber hält der Text fest: Die Gestirne sind nicht göttliche Mächte, sondern Teil der von Gott geschaffenen Welt, über die er mit souveräner Leichtigkeit verfügt.

In der Krisenzeit des Exils fand ja auch Gen 1, der große Schöpfungstext, mit dem unsere Bibel beginnt, seine heutige Fassung. Dort findet sich in 1,14-19 eine kritische, fast ironische Auseinandersetzung mit der Vergötterung der Gestirne in Babylon. Auch dort findet sich die klare Trennung zwischen göttlichem und weltlichem Bereich – eine erstaunliche theologische Leistung. Gerade in der Auseinandersetzung mit den eigenen Zweifeln, mit den aggressiven Fragen der hoffnungslosen Zeitgenossen und in der Auseinandersetzung mit der mächtig imponierenden babylonischen Religion, gerade in dieser Auseinandersetzung erfolgt der große Durchbruch des Glaubens Israels zum Monotheismus. Ich finde das aufregend. Gerade in der Auseinandersetzung mit der Religion Babylons erreicht der Glaube Israels seine größte Reife und damit gelangt er auf eine später kaum erreichte Höhe. Ich finde das gerade für unsere heutige Situation aktuell und hilfreich: Warum sollten wir die Auseinandersetzung mit unserer heutigen Wirklichkeit scheuen? Sie kann unseren Glauben nur bereichern und wachsen lassen. Hier ist wirklich der Ausdruck „Krise als Chance" berechtigt!

Auffälligerweise heißt es in Jes 40,26, die Angeredeten sollten in die Höhe und nicht etwa gen Himmel schauen. Damit ist selbst der Anschein einer astralen Götterwelt von vornherein ausgeschlossen. Mach sucht auch vergeblich nach Begriffen wie Sonne, Mond oder Sterne. Gegenüber der hochentwickelten babylonischen Astrologie wird in Jes 40,26 kein einziger Himmelskörper mit Namen genannt, sondern nur abwertend von „diesen da" gesprochen.

Wie bei einem Feldherrn, der seine Truppen zur Schlacht herausführt, zieht das Heer der Gestirne auf Gottes Geheiß aus. Dass sich Gottes Befehlsgewalt auch auf die Gestirne erstreckt, ist häufig im Alten Testament belegt. Der Text legt Wert darauf, dass Gott die Himmelskörper vollzählig herausführt. Jedes menschliche Fassungsvermögen wird hier überstiegen. Und dass Gott sie alle beim Namen nennt, meint ein besonderes Eigentumsverhältnis. Hatte sich Marduk, dessen Gestirn der Jupiter war, zwar die astrologische Oberhoheit über alle anderen Gestirne erkämpft, so genossen auch weiterhin besonders Schamasch (Sonne), Sin (Mond), Ischtar (Venus) hohes Ansehen und göttliche Verehrung. Jahwes Hoheit dagegen ist nicht das Ergebnis eines Kampfes, sondern schöpfungsbedingt. Er spannte die Himmel aus, befestigte die Leuchten und befehligt den Lauf der Gestirne. Damit ist jeder astrologischen Voraussage die Grundlage entzogen. Ich bin erstaunt, wie in unserer Zeit astrologische Vorstellungen neu auf dem Vormarsch sind. In Gen 1,14-19 und auch hier sind die Gestirne nicht angsteinflößende anonyme Mächte, sondern sie sind Teil der (guten) Schöpfung Gottes.

6. Strophe: Gottes unergründliche Größe (VV. 27-29)

Die Anrede „Jakob/Israel" findet sich in Alten Testament etwa 50-mal. 1/3 davon stehen in Jes 40–48. „Mit dieser Strophe kommt die Disputation zu ihrem Höhepunkt, denn nun werden erstmalig die Angesprochenen (VV. 18.25 „ihr") mit Namen genannt (V. 27 „Jakob/Israel") (U. Berges). Ihre Klage geht aufs Ganze. Jahwe hat nicht nur für kurze Zeit sein Volk aus den Augen verloren, er hat sich ganz aus seiner Verantwortung für Israel zurückgezogen. Die Klagenden unterstellen einen grundsätzlichen Beziehungsbruch. *„Mein Weg ist dem Herrn verborgen, meinem Gott entgeht mein Recht"* (Jes 40,27). Das ist Ausdruck einer tiefen Glaubenskrise: Jahwe weiß nichts, er nimmt nichts wahr, alles geht an ihm wirkungslos vorüber. Hier spricht sich eine hoffnungslose Resignation und Enttäuschung aus. Dennoch besteht Hoffnung, denn nach V. 13 findet sich hier erstmalig der Eigenname des Gottes wieder, den Israel als „meinen Gott" bekennt. Der prophetische Sprecher nimmt wahr, wie es den Menschen geht, wie hoffnungslos sie sind, wie weit sich ihr Glaube schon verflüchtigt hat. In V. 28 nimmt er dann den Blick von der Klage weg zu dem, was dem Gottesvolk aus der Tradition bekannt sein muss: Weißt du es nicht, hörst du es nicht? Der Prophet antwortet mit rhetorischen Fragen, er erinnert an Bewusstes, bereits Gehörtes. Ein Gott der Ewigkeit ist Jahwe!

„Ewigkeit" ist ein im Alten Testament zentraler Begriff. Er umfasst sowohl die fernste Urzeit und Vergangenheit als auch die gesamte Zukunft. Als Gott der Ewigkeit steht Jahwe nicht einfach über den geschichtlichen Abläufen. Im Gegenteil. „Er ist der, der die weite Erde erschuf". Einen solchen Satz hat man in Israel bisher noch nicht gehört. Alles, was ist, die weite Erde, verdankt sich seiner schöpferischen Kraft. Welch ein grandioses Gottesbild – entstanden in der Zeit des Exils, entstanden am Tiefpunkt der Geschichte Israels, entstanden in der Auseinandersetzung mit der babylonischen Götterwelt. Gott ist der geheimnisvolle, der ganz andere, der menschliche Maße weit übersteigt, der menschliches Wissen-Wollen weit hinter sich lässt, aber er ist der Schöpfer von allem, was existiert. Dieser Gott gibt dem Müden Kraft, weil er selber nicht müde wird.

7. Strophe: Sie bekommen Flügel wie Adler (VV. 30-31)

Im Gegensatz zu Jünglingen und jungen Männern, die ermüden, ermatten und straucheln, erneuern die auf Gott Hoffenden kontinuierlich ihre Kraft. Sie haben Teil an Jahwes unerschöpflicher Energie. Wer auf ihn hofft, kann neue Kräfte entwickeln. Alle anderen, auch wenn sie noch so sehr von jugendlicher Kraft strotzen, werden straucheln und fallen. „Sie bekommen Flügel wie Adler" – im Hebräischen steht hier das Wort „wie die Geier". Nicht zuletzt wegen der Bewunderung für den Adler und aus Verachtung für den aasfressenden Geier neigte die Auslegung seit frühester Zeit dazu, das hebräische Wort mit Adler zu übersetzen. Schon die Septuaginta und die Vulgata tun das. In der Bildwelt des antiken Vorderen Orients war der Geier

scher Reihenfolge angeordnet ist. Trotzdem bleibt die Lektüre des
Buches aufregend, denn von keinem anderen alttestamentlichen Propheten erfahren wir so viele Einzelheiten seiner persönlichen Le-
bensgeschichte.

Berufung zum Propheten

Die Berufungsszene, wohl erst im Rückblick auf das Wirken des Propheten geschrieben, macht gleich zu Anfang sowohl den Auftrag als
auch das Geschick Jeremias deutlich:

> „⁴ *Das Wort des Herrn erging an mich:* ⁵ *Noch ehe ich dich im
> Mutterleib formte, habe ich dich ausersehen, noch ehe du aus
> dem Mutterschoß hervorkamst, habe ich dich geheiligt, zum Pro-
> pheten für die Völker habe ich dich bestimmt.* ⁶ *Da sagte ich: Ach,
> mein Gott und Herr, ich kann doch nicht reden, ich bin ja noch
> so jung.* ⁷ *Aber der Herr erwiderte mir: Sag nicht: Ich bin noch so
> jung. Wohin ich dich auch sende, dahin sollst du gehen, und was
> ich dir auftrage, das sollst du verkünden.* ⁸ *Fürchte dich nicht vor
> ihnen; denn ich bin mit dir, um dich zu retten - Spruch des
> Herrn.* ⁹ *Dann streckte der Herr seine Hand aus, berührte meinen
> Mund und sagte zu mir: Hiermit lege ich meine Worte in deinen
> Mund.* ¹⁰ *Sieh her! Am heutigen Tag setze ich dich über Völker
> und Reiche; du sollst ausreißen und niederreißen, vernichten und
> einreißen, aufbauen und einpflanzen.* “
> (Jeremia 1,4-10)

Von dieser Stunde an bestimmt der Ruf Gottes die gesamte Existenz
des Propheten. Schon immer war er dazu ausersehen, Mund Gottes,
Sprachrohr Gottes zu sein, Bote Gottes für die Völker. Jeremia
schrickt zurück, fühlt sich dem Auftrag nicht gewachsen, wie es Ex
4,10 von Mose erzählt wird, 1 Kön 3,7 von Salomo. Gott weist Jeremias Ängstlichkeit nicht nur zurück, sondern gibt ihm die Zusage
seiner rettenden Nähe. „Ich bin mit dir" – darin schwingt die Auslegung des Gottesnamens „Jahwe" aus Ex 3,14f. mit. Mehr noch: Gott
berührt seinen Mund. Diese Geste macht sinnenhaft deutlich: Der

seit ältesten Zeiten nicht negativ, sondern überaus positiv dargestellt. Diesem Raubvogel, der sich als Aasfresser vom Tod und Vergehen anderen Lebens ernährt, wachsen Schwingen, mit denen er sich in höchste Höhen erhebt (U. Berges 164).

Bei den Texten von Jes 40–48 handelt es sich durchgehend um poetische Texte. Gerade an den letzten Versen unseres Kapitels kann man das Stilmittel des Parallelismus membrorum (die gleiche Aussage wird noch einmal mit anderen Worten wiederholt) eindrucksvoll sehen. „*29 Er gibt dem Müden Kraft, dem Kraftlosen verleiht er große Stärke. 30 Die Jungen werden müde und matt, junge Männer stolpern und stürzen. 31 Die aber, die dem Herrn vertrauen, schöpfen neue Kraft, sie bekommen Flügel wie Adler. Sie laufen und werden nicht müde, sie gehen und werden nicht matt*" (40,29–31). Dadurch erreicht der Text eine große sprachliche Kraft, es ist eine Sprache voller Fantasie und Kreativität. Besonders schön das Bild von den Adlerflügeln/Geierflügeln; dahinter steckt die Sehnsucht nach Überwindung der Erdenschwere, die Sehnsucht, sich über das Elend erheben zu können. Doch schon im nächsten Vers geht es in die nüchterne Wirklichkeit zurück, geht der Blick auf den Weg, auf dem man oft so müde wird. Gott wird nicht müde – wie alte Leute es werden. Er ist der Ewige, der ewig junge, überraschende Gott, der unvorhersehbares Neues wirken kann. Ein Gott, der müde wird, das ist das Gottesbild der resignierten Menschen im Exil. Dem setzt der Prophet seine Gottesgewissheit entgegen: Er ist ein Gott, der seine schöpferische Lebenskraft weitergibt an die, die sich ihm zuwenden: Er gibt den Müden Kraft.

Im Koran wird abgelehnt, dass Gott im Schöpfungshymnus am siebten Tag ruht (Gen 2,2f.). Der Koran meint, Gott könne nicht ermüden. Auf den Gedanken, dass diese Ruhe Gottes am siebten Tag mit einer Ermüdung Gottes zusammenhängen soll, hat mich erst der Koran gebracht. Diesen Schuh jedenfalls müssen wir uns nicht anziehen!

Diego Arenhoevel, der leider viel zu früh verstorbene Alttestamentler, hat zu diesem Text etwas Wunderbares gesagt: „*Die natürliche Vitalität der Jugend mit ihrem schier unerschöpflichen Vorrat an Kräften ist faszinierend – zumal für den, der sie nicht mehr besitzt … demgegenüber kamen sich die Verbannten vor wie die Überbleibsel einer vergangenen Zeit, alt an Lebensjahren und alt an hinsterbender Tra-*

*dition ... doch die Worte des Propheten zeigen nicht den dekadenten
Adel einer verfallenden Welt, nicht einmal heitere Ergebung. Sie sind
bis in den Wortlaut hinein stürmisch und unbekümmert ... es sind
Worte eines jungen Mannes und einer jungen Bewegung, nicht des
Totengräbers einer alten, sondern des Herolds einer neuen Zeit."*
So würde ich mir auch unsere Kirche wünschen: dass es wieder mehr
Leute darin gibt, die nach vorn sehen, stürmisch und unbekümmert.

„Seht, jetzt schaffe ich Neues ..." (Jes 43,18-20)

Der Prophet hat es vermocht, in einer Zeit tiefer Trostlosigkeit den
Glauben zu neuem Leben zu erwecken, aus der Asche der Resignation ein neues Feuer zuversichtlichen Glaubens zu entfachen. Programmatisch formuliert er es in 43,18-19: *„[18] Denkt nicht mehr an
das, was früher war; auf das, was vergangen ist, sollt ihr nicht achten. [19] Seht her, nun mache ich etwas Neues. Schon kommt es zum
Vorschein, merkt ihr es nicht? Ja, ich lege einen Weg an durch die
Steppe und Straßen durch die Wüste."*
Die nach Babylon Verschleppten jammern und klagen. Sie hatten ja
auch allen Grund dazu, von einer besseren Vergangenheit zu träumen, von dem, was früher war. *„Gedacht ist wohl an die gesamte
Geschichte Israels bis in die jüngste Vergangenheit hinein, wobei die
Katastrophe von 587 ganz selbstverständlich ihre besondere Rolle
spielt"* (K. Elliger). Was soll das Träumen von früher? Der Prophet
fragt seine Zeitgenossen: Was hängt ihr voller Trauer der verlorenen
Vergangenheit nach? Er versucht, sie aus ihrer lähmenden Fixierung
auf das Vergangene zu lösen. Er versucht, sie sensibel zu machen für
das, was jetzt wächst, auf das zu achten, was jetzt an Neuem geschieht. Er versucht, ihr Interesse auf die Gegenwart zu richten. Sie
allein ist wichtig, sie gilt es zu bestehen.
Er verfällt nicht in ein nostalgisches Klagen über den Verlust der Vergangenheit, er sieht Neues wachsen. Und er sollte recht behalten! Nachdem die Menschen jahrzehntelang in der Verbannung Babylons gelebt
hatten, taucht am Horizont der Weltgeschichte der Perserkönig Kyrus

auf. Er wird Babylon erobern und den nach Babylon Verbannten die Rückkehr in ihre Heimat gestatten. Niemand hätte im Ernst mit dieser Wendung zum Guten gerechnet. Der Prophet sieht es voraus. Hellwach verfolgt er die politische Geschichte seiner Zeit, sieht mitten in aussichtsloser Lage Neues wachsen. Ja, er wagt es sogar, den heidnischen König Kyrus den „Gesalbten" Gottes zu nennen, den „Hirten", den Gott beauftragt hat (44,28–45,8). Dieser Prophet hält nichts von Nostalgie, von einer sehnsuchtsvollen Verklärung der Vergangenheit. Doch hält er sehr viel von Erinnerung. Die Erinnerung an die großen Überlieferungen der Exoduszeit lässt ihn für seine Gegenwart Mut schöpfen, denn Gott bleibt derselbe, zuverlässig und treu. Der Prophet ahnt schon den wind of change, den Wandel, der in der Luft liegt.

Das Neue, das Gott schafft, „sprosst" jetzt schon. *„Das Verbum „sprossen" ... vermittelt eine gute Vorstellung von dem, was der Prophet meint, wenn er von Jahwes Schöpfertätigkeit spricht. ... Jahwe schafft, indem er eine bestimmte geschichtliche Situation heranreifen lässt. Man muss nur darauf achten"* (K. Elliger). Daher steht in diesem Zusammenhang auch die vorwurfsvolle Frage: „Merkt ihr es nicht?" V. 19b macht deutlich, woher die Zweifel der Hörer kommen: Heimkehr durch eine weg- und wasserlose Wüste, wie ist das überhaupt möglich? (K. Elliger). Jahwe setzt dagegen: *„Ja, ich lege einen Weg an durch die Steppe und Straßen durch die Wüste".* Er selber wird die Führung durch die Wüste übernehmen. Mehr noch: *„Die wilden Tiere werden mich preisen, die Schakale und Strauße, denn ich lasse in der Steppe Wasser fließen und Ströme in der Wüste, um mein Volk, mein erwähltes, zu tränken"* (V. 20).

Das ist ganz offensichtlich eine Rede in Metaphern. Wie der Lobpreis der Tiere konkret aussehen soll, darf man hier so wenig fragen wie in 55,12: *„Voll Freude werdet ihr fortziehen, wohlbehalten kehrt ihr zurück. Berge und Hügel brechen bei eurem Anblick in Jubel aus, alle Bäume auf dem Feld klatschen Beifall."* Das ist natürlich dichterische Sprache! Ähnlich Jes 44,23: *„Jauchzt, ihr Himmel, denn der Herr hat gehandelt; jubelt, ihr Tiefen der Erde! Brecht in Jubel aus, ihr Berge, ihr Wälder mit all euren Bäumen! Denn der Herr hat Jakob erlöst und an Israel bewiesen, wie herrlich er ist."* Das ist Sprache des Lobpreises. An meiner ersten Kaplanstelle hatte ich mein Zimmer direkt neben dem Kindergarten. An einem wunderschönen Sommertag, das Fenster stand offen, hörte ich plötzlich eines der spielenden Kinder rufen: „Die Sonne macht Musik!"

Wer die weitere Geschichte kennt, wird wissen, wie schwierig in Wirklichkeit die Rückkehr in das Land war. Sie wurde den nach Babylon Verbannten von Kyrus tatsächlich gestattet. Es sind aber längst nicht alle zurückgekehrt. Und die Heimkehrer kamen in ein verwüstetes, verstepptes, vernachlässigtes Land. Es gab Streitereien der früheren Hausbesitzer mit den jetzigen Bewohnern, der Aufbau erwies sich als mühsam, wurde von den Nachbarn äußerst kritisch beäugt, und auch der Wiederaufbau des Tempels ging nur schleppend voran. Trotzdem hat der Prophet, der das alles ja noch nicht wusste, diesen hinreißenden Text schreiben können. Er hat gespürt, dass Neues in der Luft lag. Er sieht, dass sich der Untergang Babels anbahnt. Er kriegt mit, dass Kyrus heranrückt, er hat gehört, dass der es mit seiner Religionspolitik ganz anders macht als die Babylonier. Er ruft auf, den Blick entschlossen auf das Heute zu richten, auf die Aufgaben, die heute gestellt sind, auf die Chancen, die sich heute eröffnen. Er beschränkt sich auch nicht darauf, den überkommenen Glauben einfach in den üblichen tradierten Formeln weiterzugeben. Er findet eine neue, originelle und frische Sprache, um den überlieferten Gottesglauben ganz neu ins Wort zu bringen, in teilweise ganz unkonventionellen Sprachbildern.

- Gott ist wie eine Mutter:
  „Kann denn eine Frau ihr Kindlein vergessen,
  eine Mutter ihren leiblichen Sohn?
  Und selbst, wenn sie ihn vergessen würde:
  ich vergesse dich nicht."
  (Jes 49,15)
- Gott ist Befreier:
  „Fürchte dich nicht, du armer Wurm Jakob,
  du Würmlein Israel!
  Ich selber werde dir helfen - Spruch des Herrn.
  Der Heilige Israels löst dich aus."
  (Jes 41,14)

51

Die Verbannten in Babylon fühlten sich elend, verachtet, den Mächtigen hilflos ausgeliefert, wie ein Wurm, unscheinbar und völlig schutzlos. Der Begriff „Löser" meint im damaligen Sippenrecht Israels den nächsten Verwandten, der einen in fremde Hände geratenen Familienbesitz oder einen in Sklaverei geratenes Familienmitglied „auszulösen" hat, es sozusagen aus den Schwierigkeiten „herauspaukt".

- Gott hält Israel durch seine ganze Geschichte die Treue:
  „³ Hört auf mich, ihr vom Haus Jakob,
  und ihr alle, die vom Haus Israel noch übrig sind,
  die mir aufgebürdet sind vom Mutterleib an,
  die von mir getragen wurden,
  seit sie den Schoß ihrer Mutter verließen.
  ⁴ Ich bleibe derselbe, so alt ihr auch werdet,
  bis ihr grau werdet, will ich euch tragen.
  Ich habe es getan,
  und ich werde euch weiterhin tragen,
  ich werde euch schleppen und retten."
  (Jes 46,3f.)

- Gott ist der Gemahl seines Volkes:
  „⁶ Ja, der Herr hat dich gerufen
  als verlassene, bekümmerte Frau.
  Kann man denn die Frau verstoßen,
  die man in der Jugend geliebt hat?,
  spricht dein Gott.
  ⁷ Nur für eine kleine Weile habe ich dich verlassen,
  doch mit großem Erbarmen hole ich dich heim ...
  ¹⁰ Auch wenn die Berge von ihrem Platz weichen
  und die Hügel zu wanken beginnen –
  meine Huld wird nie von dir weichen
  und der Bund meines Friedens nicht wanken,
  spricht der Herr, der Erbarmen hat mit dir."
  (Jes 54,6-7.10)

Und wenn die ganze uns vertraute Welt aus den Fugen zu geraten scheint, so bekennt der Prophet, werde ich von meinem Gott nicht lassen ...

Jes 40–55: Neugeburt des Glaubens

Damals im Exil steckte Israel in einer tiefen Krise seines Glaubens. Der Prophet oder die Prophetengruppe, denen wir diese großen Texte verdanken, vermochten es dennoch, aus der Asche neue Glut zu entfachen. Offensichtlich haben sie es geschafft, viele Menschen aus ihrer Resignation herauszureißen. Wie war das möglich, dass in einer solch trostlosen Situation ein solcher Neuaufbruch des Glaubens gelingen konnte? Wenn ich im Folgenden ein paar Erklärungen dafür versuche, tue ich das in der Hoffnung, dass sie auch für unsere heutige Glaubenskrise hilfreich, wegweisend und ermutigend sein können.

1. Die unbekannten Propheten, denen wir diese Texte verdanken, lebten in engem Kontakt mit ihren Mitmenschen, hörten ihnen zu, hörten ihre Zweifel, schauten ihnen aufs Maul. Viele Stücke dieses Buchteils sind Dialoge! Sie sind im Gespräch mit den Menschen entstanden. Sie gehen auf die Gedanken ihrer Zeitgenossen ein, nehmen sie ernst. Sie hören auch dann auf die zweifelnden Fragen der Menschen, wenn sie die Antwort nicht wissen. Ein eindrucksvolles Beispiel dafür findet sich in 45,9-10:

„⁹ Weh dem, der mit seinem Schöpfer rechtet,
er, eine Scherbe unter irdenen Scherben.
Sagt denn der Ton zu dem Töpfer:
Was machst du mit mir?,
und zu dem, der ihn verarbeitet:
Du hast kein Geschick?
¹⁰ Weh dem, der zum Vater sagt: Warum zeugtest du mich?,
und zur Mutter: warum brachtest du mich zur Welt?"

Hier werden Vorwürfe gegen Gott greifbar, wie sie damals offensichtlich nicht wenige geäußert haben. Die Propheten vermögen sich mit einem außergewöhnlichen Einfühlungsvermögen in ihre Landsleute hineinzuversetzen. Sie wissen nicht einfach schon alles. Auch sie müssen immer neu nachdenken, nach Antworten suchen, auf neue Herausforderungen reagieren. Ihre Antworten geraten ihnen, wie hier, nicht immer überzeugend. Aber sie haben den Mut, auch schwierige Fragen an sich heranzulassen. Sie verdrängen sie nicht. –

Das wäre für mich eine erste Vision, eine Kirche, die auf die Menschen hört, im Gespräch mit ihnen ist, mit den Menschen lebt, sich den Herausforderungen unserer Zeit mutig und unvoreingenommen stellt. Vor allem aber: eine Kirche, nah bei den Menschen.

2. Die Texte sprechen eine ganz einfache und konkrete Sprache. Wenn Sie nur ein paar Kapitel in Jes 40–55 lesen, werden Sie vom Bilderreichtum der Sprache ganz fasziniert sein. Es sind teilweise ganz ungewöhnliche Bilder. Sie vergleichen Gott mit einer Mutter, mit einem Liebhaber. Ihr Reden von Gott ist überhaupt voller Bilder, vor allem aus dem zwischenmenschlichen Bereich. Sie sprechen eine ganz neue, unkonventionelle Sprache. Sie versuchen, die alte Botschaft von Gott in neue Bilder und Worte zu fassen. – Wenn uns doch heute in unserer Kirche ein solches neues, frisches Sprechen von Gott gelingen könnte! Gerade auch in der Liturgie!

3. Die Propheten lieben die Menschen, mit denen sie zu tun haben. Sie sind voller Wohlwollen und Zärtlichkeit für sie. *„Weil du in meinen Augen teuer und wertvoll bist und weil ich dich liebe, gebe ich für dich ganze Länder ..."* (Jes 43,4) – so können sie von Gott sprechen! – Hier scheint mir eine Kernfrage heutiger Pastoral zu liegen: Lieben wir die Menschen? Nur dann können wir ihnen etwas von Gott vermitteln! Ich persönlich bin nach wie vor jedenfalls ausgesprochen skeptisch gegenüber einer Pastoral des Forderns (bei Taufe, Erstkommunion, Firmung etc.). Martin Luther hat zu Jes 40,1-2 einmal gesagt: *„Das ist eigentlich der Bischöfe und Pfarrherrn oder Prediger Amt, das sie lehren, aufrichten und trösten sollen, dass sie den betrübten und bekümmerten Herzen den Balsam der Heiligen Schrift reichen und mitteilen sollen und zu ihnen sagen: ‚Fürchte dich nicht ...'"* [2]

4. Die Propheten leben selber in einem lebendigen, intensiven Kontakt mit ihrem Gott. In einem der Gottesknechtslieder lesen wir:

---

[2]   nach: W. Grimm, Deuterojesaja. Deutung - Wirkung - Gegenwart, Stuttgart 1990, 63, Anm. 37a

„⁴ *Gott, der Herr, gab mir die Zunge eines Jüngers,*
damit ich verstehe, die Müden zu stärken
durch ein aufmunterndes Wort.
Jeden Morgen weckt er mein Ohr,
damit ich auf ihn höre wie ein Jünger.
⁵ *Gott, der Herr, hat mir das Ohr geöffnet,*
ich aber wehrte mich nicht
und wich nicht zurück.
⁶ *Ich hielt meinen Rücken denen hin,*
die mich schlugen,
und denen, die mir den Bart ausrissen,
meine Wangen.
Mein Gesicht verbarg ich nicht
vor Schmähungen und Speichel."
(Jes 50,4-6)

Jeden Morgen nimmt der Gottesknecht sich Zeit, auf Gottes Wort zu horchen, auf das, was Gott ihm zu sagen hat, damit er es dann auch den anderen bringen und sie mit dem Wort trösten kann. Vielleicht macht der Text zugleich deutlich, dass die Trostbotschaft in Jes 40–55 damals keineswegs nur auf Begeisterung, sondern auch auf Spott und Widerstand gestoßen ist. – Auch hier die kritische Frage an uns: Gehen wir nicht manchmal allzu sehr in unserer pastoralen Routine auf? Bleibt uns dann noch Zeit zu Meditation, Nachdenken, Besinnung, Gebet? Ist das nicht fast notwendige Voraussetzung eines Durchhaltenkönnens heute?

5. Die Texte in Jes 40–55 erinnern immer wieder an früher gemachte Glaubenserfahrungen, an die große Überlieferung aus der Mose-Zeit und an den Exodus. Gott hat sich in der Geschichte des Volkes als Erretter und Befreier erwiesen. Dieser Gott bleibt derselbe, zuverlässig und treu. Darum erwarten die Propheten einen neuen Exodus, einen neuen Aufbruch, auch wenn im Moment alles so trostlos aussieht. – Es gibt ein fruchtbares und ein unfruchtbares Umgehen mit der Vergangenheit. Ein nostalgisches Schwärmen von vergangenen besseren Zeiten lehnen sie ab. Doch es gibt auch einen konstruktiven Blick in

die Vergangenheit, auf gute frühere Erfahrungen, die für die Bewältigung der Gegenwartsaufgaben Mut machen können. Hätten wir nicht im Blick auf so viele große Neuaufbrüche in der Geschichte der Kirche auch heute ebenso Grund, zuversichtlich zu sein?

6. Die Propheten achten ganz bewusst auf die positiven „Zeichen der Zeit". Sie sehen – durch das Erstarken des Kyrus – neue Chancen für ihr Volk kommen, als die Leute noch ganz in ihrer Resignation verfangen sind – und in solcher Resignation ein Stück blind. – Das wäre eine letzte Vision von Kirche heute: Eine Kirche, die nicht immer nur klagt und jammert, sondern auch positiv wahrnimmt, was in unserer Zeit an Neuem wächst.

Die alten Texte aus Jes 40–55 haben ihre Kraft und Frische bis heute bewahrt. Zeiten der Krise können Zeiten von Wachstum und Neuaufbrüchen sein. Dürfen wir nicht auch heute darauf setzen? Wir können das allerdings nur, wenn wir wie die Propheten damals die Fantasie und Kreativität aufbringen, die alte Botschaft neu zu sagen, in ganz neuen Worten und Bildern, in der Sprache heutiger Menschen und auf dem Hintergrund der Bedrängnisse und Ängste, aber auch der zaghaften Hoffnungen heutiger Zeitgenossen und aus einer Haltung der Weitherzigkeit und Sympathie mit ihnen und mit einem nüchternen Blick auf die gegenwärtige Situation.
Sollte oder könnte unsere Kirche nicht – solche Glaubenszeugnisse im Rücken – auf die Herausforderungen heute viel schöpferischer, souveräner und gelassener reagieren? Sollten wir selber es nicht auch tun? Eines ist mir sicher: Eine Kirche, die stets nur klagt oder anklagt, wird die Menschen nicht gewinnen, sondern nur eine zuversichtliche. Eine Kirche, die die Menschen stets nur kritisiert, wird sie nicht gewinnen, sondern nur eine, in der ihnen Weitherzigkeit und Sympathie begegnen.

Literatur
- K. Elliger, Deuterojesaja, 1. Teilband, Biblischer Kommentar Altes Testament, Neukirchen-Vluyn ²1989
- U. Berges, Jesaja 40–48, Herders theologischer Kommentar zum Alten Testament, Freiburg 2008

Jeremia – Ein Prophet leidet an Gott

Jeremia und seine Zeit

Der Prophet Jeremia wird zwischen 650 und 645 v. Chr. in Anatot geboren, einem kleinen Städtchen in der Nähe von Jerusalem. Als junger Mann, um die 20 Jahre alt, erfährt er ca. 627/26 seine Berufung zum Propheten. Sein Name bedeutet: „Jahwe möge erheben". Das Wirken Jeremias fällt in eine politisch äußerst bewegte Zeit. Das assyrische Großreich verfällt zunehmend, die Babylonier werden schließlich zur führenden Großmacht. Das Königreich Juda, am Rand des assyrischen Großreichs gelegen, wird in den Strudel dieser Ereignisse hineingerissen. Die Eroberung Ninives 612 kündigt das endgültige Ende der assyrischen Macht an. Ab 609 wird zunächst Ägypten Besatzungsmacht in Jerusalem, dann dringen 605 die Babylonier nach Palästina vor. Die (von Jeremia erbittert bekämpfte) antibabylonische Politik Jerusalems führt schließlich zur Belagerung und Eroberung der Stadt durch Nebukadnezzar im Jahr 597. Die Oberschicht Jerusalems wird nach Babylon verschleppt; Jeremia bleibt in der Stadt. Doch immer noch träumt man in Jerusalem von nationaler Selbständigkeit, verbündet sich mit den Ägyptern gegen Babylon, was zur endgültigen Zerstörung Jerusalems 587 (nach anderer Rechnung 586) führt. Nach der Ermordung des von den Babyloniern eingesetzten Statthalters Gedalja wird Jeremia von einer Gruppe von Landsleuten zusammen mit seinem Weggefährten und Schreiber Baruch nach Ägypten verschleppt. Dort verliert sich seine Spur.

Die Lektüre des Buches Jeremia ist für den Bibelleser einigermaßen verwirrend. Denn sein Text ist nicht aus einem Guss. Es ist später vielfach überarbeitet worden, ein Zeichen dafür, wie sehr die Person und Botschaft des Propheten die nachfolgenden Generationen beschäftigt und bewegt haben. Diese komplizierte Entstehungsgeschichte erklärt viele Unebenheiten des Textes. Erschwerend kommt hinzu, dass der riesige Stoff des Buches nicht immer in chronologi-

Prophet führt Gottes Wort im Mund. Das gibt ihm seine Autorität und Kompetenz. Doch kündigen die Zusagen Gottes indirekt schon an, dass Jeremia in der Erfüllung seines Auftrags Widerstand und Anfeindungen wird erfahren müssen – und die werden ihm in reichlichem Maß zuteil werden! Irritierend wirkt der Abschluss in V. 10: Zwei negativen Verbpaaren steht nur ein positives gegenüber („*du sollst ausreißen und niederreißen, vernichten und einreißen, aufbauen und einpflanzen*")! Prophetie ist Widerstand. Der Prophet hat nicht Gefälligkeiten zu sagen, sondern Gottes Wort auszurichten, ob es den Leuten passt oder nicht.

Jer 1,17-19 wiederholt die Zusage Gottes in eindringlichen Bildern. Es wird noch deutlicher, wie viel Widerstand der Prophet zu erwarten haben wird, aus allen Bevölkerungsschichten, von den staatlichen und religiösen Autoritäten. Und dennoch wird Jeremia seinen Auftrag durchhalten, 40 Jahre lang, wenn wir den Angaben seines Buches folgen!

Enttäuschung über Gott

Mit der Berufung beginnt für Jeremia ein langer Leidensweg. Sein Auftrag ist es, gegen Unrecht und Unterdrückung in seiner Umgebung anzugehen, den Reichen und Mächtigen ins Gewissen zu reden, sich politisch einzumischen. Doch damit stößt er auf erbitterten Widerstand. Wie könnte es anders sein? Er mischt sich in die Politik ein, sieht langfristige Gefährdungen mit großer Hellsichtigkeit voraus. Man hört ihn nicht, regt sich über ihn auf oder lacht über ihn: dieser Defaitist und Miesmacher! Die Mächtigen und die Bürger Jerusalems wollen sich nicht stören lassen in der Ruhe ihrer überkommenen Denkmuster. Jeremia muss schließlich ohnmächtig mitansehen, wie sein Volk in die Katastrophe schlittert. Immer wieder hat er davor gewarnt, verhindern kann er sie nicht. Jerusalem wird von den Babyloniern fast dem Erdboden gleichgemacht.

Oft ist Jeremia versucht aufzugeben. Er möchte lieber seine Ruhe haben, statt sich ständig einmischen und den Leuten die Wahrheit sagen zu müssen, die sie doch nicht hören wollen. Aber er kommt von seinem Auftrag nicht los. Seine Klagegebete, in denen er seiner Not, Einsamkeit und Enttäuschung Luft macht, die sogenannten „Bekenntnisse", gehören zu den eindrucksvollsten Stücken des Jeremiabuchs. Im Deutschen hat sich für Klagelieder der Ausdruck „Jeremiaden" eingebürgert – sogar im „Duden" dokumentiert. Sie erinnern oft an die Sprache der Klagepsalmen. Ein Beispiel:

> *„[7] Du hast mich betört, o Herr, und ich ließ mich betören; du hast mich gepackt und überwältigt. Zum Gespött bin ich geworden den ganzen Tag, ein jeder verhöhnt mich. [8] Ja, sooft ich rede, muss ich schreien, ‚Gewalt und Unterdrückung!' muss ich rufen. Denn das Wort des Herrn bringt mir den ganzen Tag nur Spott und Hohn. [9] Sagte ich aber: Ich will nicht mehr an ihn denken und nicht mehr in seinem Namen sprechen!, so war es mir, als brenne in meinem Herzen ein Feuer, eingeschlossen in meinem Innern. Ich quälte mich, es auszuhalten, und konnte nicht. ... [14] Verflucht der Tag, an dem ich geboren wurde; der Tag, an dem meine Mutter mich gebar, sei nicht gesegnet. [15] Verflucht der Mann, der meinem Vater die frohe Kunde brachte: Ein Kind, ein Knabe ist dir geboren!, und ihn damit hoch erfreute. [16] Jener Tag gleiche den Städten, die der Herr ohne Erbarmen zerstört hat. Er höre Wehgeschrei am Morgen und Kriegslärm um die Mittagszeit, [17] weil er mich nicht sterben ließ im Mutterleib. So wäre meine Mutter mir zum Grab geworden, ihr Schoß auf ewig schwanger geblieben. [18] Warum denn kam ich hervor aus dem Mutterschoß, um nur Mühsal und Kummer zu erleben und meine Tage in Schande zu beenden?"*

(Jer 20,7-9.14-18)

Eindringlich zeichnet dieses Klagelied die tiefe Enttäuschung über die Erfolglosigkeit seines Wirkens. Jeremia wird hier als ein äußerst sensibler Mann gezeichnet, der unter der Last seines Auftrags zu zerbrechen droht. Nicht nur, dass seine Predigt abgelehnt wird, sie stößt geradezu auf höhnisches Gelächter. Die Menschen übergießen ihn mit Spott: Wo bleibt denn das angekündigte Gericht Gottes (vgl. Jer 17,15)? Jeremia ist von Gott tief enttäuscht. Er fühlt sich nicht nur von ihm im Stich gelassen. Er fühlt sich geradezu betrogen, hintergangen. Das in V. 7 mit „betören" übersetzte hebräische Verb kann auch die Verführung eines Mädchens bezeichnen. Wie ein naives Mädchen, das man verführt hat und nun sitzen lässt, so fühlt er sich von seinem Gott hintergangen. Worte hart an der Grenze ...

Am liebsten würde Jeremia aufgeben. Immer nur gegen den Strom schwimmen zu müssen, immer nur den Menschen entgegentreten zu müssen – das hat ihn in eine Zerreißprobe gebracht, die er kaum noch aushalten kann. Dieses ständige Lebenmüssen in einer kaum zu ertragenden Spannung hat ihn an die Grenzen seiner Kraft gebracht. Der Text ist erschütterndes Zeugnis einer tiefen Enttäuschung mit Gott. *„Fürchte dich nicht vor ihnen; denn ich bin mit dir"* (Jer 1,8), so hatte Gott ihm am Anfang versprochen. Ich bin mit dir? Leere Worte! Du hast mich betört, o Herr, hast mich betrogen, mich allein gelassen, so bricht es bitter aus ihm heraus. Und doch kann Jeremia nicht einfach den Bettel hinwerfen und aufgeben. V. 9 zeigt, wie sehr er dieser Versuchung der Resignation immer wieder ausgesetzt ist und ihr dann doch nicht erliegt. Er kann von dem an ihn ergangenen Auftrag nicht lassen. Das Wort Gottes verschweigen, das brächte ihn in noch größere innere Not.
Die Verse Jer 20,10-13 schildern, wie übel die Menschen ihm mitspielen, ihn anfeinden, ihn bespitzeln, wie sich auch solche an diesem bösen Spiel beteiligen, von denen er angenommen hatte, sie stünden ihm persönlich nahe. Schließlich verflucht Jeremia den Tag seiner Geburt, ein Text, der an Ijob 3,1-12 erinnert. Ein Leben in solcher Dauerspannung muss notwendig in tiefe Depressionen führen.

Isolierung von den Menschen

Jer 16,1-9 lässt uns ahnen, was für ein einsamer Mann Jeremia gewesen ist:

> *„Das Wort des Herrn erging an mich: [2] Du sollst dir keine Frau nehmen und weder Söhne noch Töchter haben an diesem Ort. [3]*

Denn so spricht der Herr über die Söhne und Töchter, die an diesem Ort geboren werden, über ihre Mütter, die sie gebären, und über ihre Väter, die sie zeugen in diesem Land: [4] Eines qualvollen Todes müssen sie sterben; man wird sie nicht beklagen und nicht begraben; sie werden zum Dünger auf dem Acker. Durch Schwert und Hunger kommen sie um; ihre Leichen werden zum Fraß für die Vögel des Himmels und die Tiere des Feldes. [5] Ja, so hat der Herr gesprochen: Betritt kein Trauerhaus, geh nicht zur Totenklage, und bezeig niemandem Beileid! Denn ich habe diesem Volk mein Heil entzogen - Spruch des Herrn -, die Güte und das Erbarmen. [6] Groß und Klein muss sterben in diesem Land; man wird sie nicht begraben und nicht beklagen. ... [8] Auch ein Haus, in dem ein Gastmahl stattfindet, sollst du nicht betreten, um mit den Leuten bei Speise und Trank zu sitzen. [9] Denn so spricht der Herr der Heere, der Gott Israels: Seht, verstummen lasse ich an diesem Ort, vor euren Augen und in euren Tagen, Jubelruf und Freudenruf, den Ruf des Bräutigams und den Ruf der Braut.“
(Jer 16,1-6a.8-9)

In 16,1-4 wird Jeremia aufgetragen, auf Ehe und Familie zu verzichten. Dieser Verzicht soll zeichenhaft voraussagen, dass bald alle Bewohner Jerusalems ohne Söhne und Töchter dastehen werden. Alle werden qualvoll umkommen, niemand wird da sein, der sie bestattet. In 16,5-6 wird Jeremia eine noch größere Zumutung abverlangt. Er soll nicht trauern und keinen Anteil am Unglück anderer nehmen. Das musste ihn noch mehr isolieren, musste bei seinen Zeitgenossen auf noch mehr Unverständnis stoßen. Sein schockierendes Verhalten soll dem Volk verdeutlichen, was ihm droht: Gott hat ihm seine Güte entzogen, ein großes Sterben wird alle verschlingen, Kleine und Große. Niemand wird sie bestatten, niemand ihnen die Totenklage anstimmen. Auch auf jede Teilnahme am geselligen Leben soll Jeremia verzichten (Jeremia 16,8-9), denn es wird keinen Grund zur Festfreude mehr geben, der Jubel von Bräutigam und Braut wird verstummen, es wird kein Anlass zum Feiern mehr sein. Ein Nachhall dazu findet sich in Offb 18,23 (wo der Seher den Untergang Roms in eindrucksvollen Bildern schaut).

Seine prophetische Tätigkeit führt Jeremia in tiefste Einsamkeit. Das Klagelied Jer 15,10-21 lässt seine völlige Isolierung erkennen:

> *¹⁰ Weh mir, Mutter, dass du mich geboren hast, einen Mann, der mit aller Welt in Zank und Streit liegt. Ich bin niemands Gläubiger und niemands Schuldner, und doch fluchen mir alle. ¹¹ Fürwahr, Herr, ich habe dir mit gutem Willen gedient, ich bin für den Feind bei dir eingetreten zur Zeit des Unheils und der Bedrängnis. ... ¹⁶ Kamen Worte von dir, so verschlang ich sie; dein Wort war mir Glück und Herzensfreude; denn dein Name ist über mir ausgerufen, Herr, Gott der Heere. ¹⁷ Ich sitze nicht heiter im Kreis der Fröhlichen; von deiner Hand gepackt, sitze ich einsam; denn du hast mich mit Groll angefüllt. ¹⁸ Warum dauert mein Leiden ewig und ist meine Wunde so bösartig, dass sie nicht heilen will? Wie ein versiegender Bach bist du mir geworden, ein unzuverlässiges Wasser. ¹⁹ Darum - so spricht der Herr: Wenn du umkehrst, lasse ich dich umkehren, dann darfst du wieder vor mir stehen. Redest du Edles und nicht Gemeines, dann darfst du mir wieder Mund sein. Jene sollen sich dir zuwenden, du aber wende dich ihnen nicht zu. ²⁰ Dann mache ich dich für dieses Volk zur festen, ehernen Mauer. Mögen sie dich bekämpfen, sie werden dich nicht bezwingen; denn ich bin mit dir, um dir zu helfen und dich zu retten - Spruch des Herrn. ²¹ Ja, ich rette dich aus der Hand der Bösen, ich befreie dich aus der Faust der Tyrannen.*
> (Jer 15,10-11.16-21)

Jeremias Lebenswille ist dahin. Mit aller Welt liegt er in Feindschaft und Streit, alle lehnen ihn ab, wenden sich weg, Jeremia steht ganz allein. V. 16 macht deutlich, welch starken Stimmungsschwankungen zwischen Seligkeit und Glück auf der einen und tiefer Depression auf der anderen Seite Jeremia ausgesetzt ist. Mit großer innerer Bereitschaft und Freude hatte er sich in den Dienst des Wortes Gottes gestellt. Nun trägt ihm dieses Wort nur Ablehnung und Feindschaft ein. In der Erfüllung seines Auftrages ist er einsam geworden: V. 17. Mehr noch: Er ist tief verbittert. V. 18 steigert sich zu einer fast erschreckenden Anklage gegen Gott. Gott ist wie ein Trockenbach, ein Wadi in der Wüste, das den durstigen Wanderer enttäuscht. Gott hält nicht, was er verspricht. Doch dann wird in V. 19 der klagende Prophet zur Umkehr gerufen und V. 20 erneuert die Zusage der Berufungsgeschichte: Ich bin mit dir. Auch dieser Klagesang zeichnet Jeremia als einen Mann, dem sein Auftrag zur drückenden Last wird. Und doch gibt er nicht auf. Trotz Widerständen, Erfolglosigkeit und Gegenwind hält er seinen Auftrag durch.

Bespitzelung

Jeremia sieht sich nicht nur wachsendem Widerstand ausgesetzt. Seine Gegner scheuen auch vor Intrigen und Denunziation nicht zurück:

„[18] Sie aber sagten: Kommt, lasst uns gegen Jeremia Pläne schmieden. ... Kommt, wir wollen ihn mit seinen eigenen Worten schlagen und achtgeben auf alles, was er sagt. ... [21] Darum gib ihre Kinder dem Hunger preis, und liefere sie der Gewalt des Schwertes aus! Ihre Frauen sollen der Kinder beraubt und zu Witwen werden, ihre Männer töte die Pest, ihre jungen Männer erschlage das Schwert in der Schlacht. [22] Geschrei soll man hören aus ihren Häusern, wenn du plötzlich plündernde Horden über sie kommen lässt. Denn sie haben (mir) eine Grube gegraben, um mich zu fangen; meinen Füßen haben sie Schlingen gelegt. [23] Du aber, Herr, du kennst all ihre Mordpläne gegen mich. Nimm für ihre Schuld keine Sühne an, lösch bei dir ihre Sünde nicht aus! Lass sie zu Fall kommen vor deinen Augen, handle an ihnen zur Zeit deines Zorns!"
(Jer 18,18.21-23).

Man bespitzelt den Propheten, dreht ihm das Wort im Mund herum, arbeitet mit Unterstellungen ... Ein Arsenal von Böswilligkeiten, wie es bis heute kräftig in Gebrauch ist! Jeremia sieht sich völlig isoliert; ganz allein steht er den religiös wie politisch Mächtigen in Jerusalem gegenüber, die in der Wahl ihrer Mittel nicht zimperlich sind. Auch in diesem Text finden sich viele Anklänge an die Sprache der Psalmen. Erschreckend sind die VV. 21-23. Diese rachsüchtigen Worte wurden Jeremia wohl erst nachträglich in den Mund gelegt, im Rückblick auf die Katastrophe der Zerstörung Jerusalems. Solche Texte machen uns heute Mühe. Doch sollte man bedenken: Wer die Rache nicht selber in die Hand nimmt, sondern sie Gott überlässt, ist vermutlich viel friedfertiger als solch ein Text ahnen lässt. Ein Zweites: Menschen können durch die Bosheit anderer so an den Rand ihrer Existenzmöglichkeiten gedrängt werden, dass Aggressionen und Hass fast unvermeidlich sind. Sich solche destruktiven Gefühle einzugestehen, sie wahrzunehmen, ist sicher besser als sie zu verdrängen. Ihnen ins Auge zu sehen, ist der erste Schritt zu ihrer Bearbeitung und Überwindung.

Jeremia – Ein sensibler und hellsichtiger Mann

Im Berufungsbericht und in den Bekenntnissen begegnet uns ein zunächst eher schüchterner, äußerst sensibler Mann. Die Berufungserzählung macht aber auch deutlich, wie große Widerstände Jeremia bei seiner Aufgabe wird bewältigen müssen. Er wird Tapferkeit und Mut brauchen. Hier kommen zwei Seiten Jeremias zum Vorschein: Er ist ein sensibler, eher ängstlicher Mann, der dann aber erstaunliche Kräfte von Courage und Mut entwickelt. Er wird sein Leben lang fast nur Misserfolge haben und doch nicht aufgeben. Er wird durchhalten, auch wenn das ganze Land gegen ihn steht. Dieses unglaubliche Durchhaltevermögen versteht die Berufungserzählung als Gottes Geschenk.

Jeremia ist nicht nur sensibel für persönliche Verletzungen, sondern auch für die Erfordernisse der politischen Geschehnisse seiner Zeit. Wach und hellsichtig ahnt er langfristige politische Gefährdungen voraus. Das wird in der zweiten der Berufungsvisionen deutlich:

„[13] Abermals erging an mich das Wort des Herrn: Was siehst du? Ich antwortete: Einen dampfenden Kessel sehe ich; sein Rand neigt sich von Norden her. [14] Da sprach der Herr zu mir: Von

Norden her ergießt sich das Unheil über alle Bewohner des Landes. [15] Ja, ich rufe alle Stämme der Nordreiche - Spruch des Herrn -, damit sie kommen und ihre Richterstühle an den Toreingängen Jerusalems aufstellen, gegen all seine Mauern ringsum und gegen alle Städte von Juda. [16] Dann werde ich mein Urteil über sie sprechen und sie strafen für alles Böse, das sie getan haben, weil sie mich verlassen, anderen Göttern geopfert und das Werk ihrer eigenen Hände angebetet haben. "
(Jer 1,13-16)

Der Prophet schaut einen dampfenden Kessel, dessen kochendes Wasser nach Süden hin überzulaufen droht. Ahnungsvoll sieht Jeremia Unheil vom Norden her einbrechen: Aus dem Norden waren die Assyrer gekommen, aus dem Norden wird Nebukadnezzar von Babel her anrücken, wird Zerstörung und Leid über Jerusalem und das Land bringen.

Gegen die Gottvergessenheit

Mittelpunkt der religiösen Existenz Jeremias ist seine persönliche Bindung an den Gott Israels. Einfühlsam beschreibt Jeremia 2,1-2 die Zeit des Auszugs aus Ägypten als die Zeit der jungen frischen Liebe Israels. *„Das Wort des Herrn erging an mich: [2] Auf! Ruf Jerusalem laut ins Ohr: So spricht der Herr: Ich denke an deine Jugendtreue, an die Liebe deiner Brautzeit, wie du mir in der Wüste gefolgt bist, im Land ohne Aussaat. "* Hier ist gleich am Anfang eines der großen Themen Jeremias angesprochen: sein Kampf um die Ausschließlichkeit der Gottesverehrung, die Ausschließlichkeit der Bindung Israels an seinen Gott.

Hier liegt eine der wesentlichen Triebfedern der Existenz Jeremias: Seinen Gott besser zu verstehen, zu verstehen, wer der Gott Israels in seinem tiefsten Wesen ist. Auch die Klagelieder sind ein eindringliches Ringen um diese Frage. Gott ist für Jeremia ein zutiefst liebender Gott, dessen „Herz" an den Menschen hängt, ein Gott, der den

Menschen auch über Untreue hinweg die Treue hält. Umso bedrückender ist für Jeremia die Gottvergessenheit Israels, die er in Jer 2,5-13 anschaulich schildert.

„⁵ So spricht der Herr: Was fanden eure Väter Unrechtes an mir, dass sie sich von mir entfernten, nichtigen Göttern nachliefen und so selber zunichte wurden? ⁶ Sie fragten nicht: Wo ist der Herr, der uns aus Ägypten heraufgeführt, der uns in der Wüste den Weg gewiesen hat, im Land der Steppen und Schluchten, im dürren und düsteren Land, im Land, das keiner durchwandert und niemand bewohnt? ⁷ Ich brachte euch dann in das Gartenland, um euch seine Früchte und Güter genießen zu lassen. Aber kaum seid ihr dort gewesen, da habt ihr mein Land entweiht und mir mein Eigentum zum Abscheu gemacht. ⁸ Die Priester fragten nicht: Wo ist der Herr? Die Hüter des Gesetzes kannten mich nicht, die Hirten des Volkes wurden mir untreu. Die Propheten traten im Dienst des Baal auf und liefen unnützen Götzen nach. ⁹ Darum muss ich euch weiter anklagen - Spruch des Herrn - und gegen eure Kindeskinder Klage erheben. ¹⁰ Geht doch hinüber zu den Inseln der Kittäer [fernste Inseln im Mittelmeer, die von Zypern aus erreicht wurden], und seht euch um, ... und seht zu, ob irgendwo etwas Ähnliches geschah. ¹¹ Hat je ein Volk seine Götter gewechselt? Dabei sind es gar keine Götter. Mein Volk aber hat seinen Ruhm gegen unnütze Götzen vertauscht. ¹² Entsetzt euch darüber, ihr Himmel, erschaudert gewaltig - Spruch des Herrn. ¹³ Denn mein Volk hat doppeltes Unrecht verübt: Mich hat es verlassen, den Quell des lebendigen Wassers, um sich Zisternen zu graben, Zisternen mit Rissen, die das Wasser nicht halten.“

Vor allem die führenden Kreise Jerusalems (die „Hirten") wurden Gott untreu. Gott hatte sein Volk mit Wohltaten überschüttet, aus lauter Liebe. Nun lässt Jeremia seinen Gott fassungslos sagen: „... *Mich hat es verlassen, den Quell des lebendigen Wassers, um sich Zisternen zu graben, Zisternen mit Rissen, die das Wasser nicht halten"* (Jer 2,13). Die Götzen halten nicht, was sie versprechen. Jeremia kleidet das in ein anschauliches Bild. Israel hat die lebendige, sprudelnde Quelle gegen eine Zisterne eingetauscht, in der man das Regenwasser auffängt, und selbst dieses kann sie nicht halten. Ein eindrucksvolles Bild für die Haltlosigkeit eines Lebens ohne Gott.

Umgekehrt zeigt die provozierende Tempelrede Jeremias (7,1-11) eine erschreckende religiöse Selbstsicherheit des Volkes.

> *„Das Wort, das vom Herrn an Jeremia erging: [2] Stell dich an das Tor des Hauses des Herrn! Dort ruf dieses Wort aus und sprich: Hört das Wort des Herrn, ganz Juda, alle, die ihr durch diese Tore kommt, um dem Herrn zu huldigen. [3] So spricht der Herr der Heere, der Gott Israels: Bessert euer Verhalten und euer Tun, dann will ich bei euch wohnen hier an diesem Ort. [4] Vertraut nicht auf die trügerischen Worte: Der Tempel des Herrn, der Tempel des Herrn, der Tempel des Herrn ist hier! [5] Denn nur wenn ihr euer Verhalten und euer Tun von Grund auf bessert, wenn ihr gerecht entscheidet im Rechtsstreit, [6] wenn ihr die Fremden, die Waisen und Witwen nicht unterdrückt, unschuldiges Blut an diesem Ort nicht vergießt und nicht anderen Göttern nachlauft zu eurem eigenen Schaden, [7] dann will ich bei euch wohnen hier an diesem Ort, in dem Land, das ich euren Vätern gegeben habe für ewige Zeiten. ... [9] Wie? Stehlen, morden, die Ehe brechen, falsch schwören, dem Baal opfern und anderen Göttern nachlaufen, die ihr nicht kennt -, [10] und dabei kommt ihr und tretet vor mein Angesicht in diesem Haus, über dem mein Name ausgerufen ist, und sagt: Wir sind geborgen!, um dann weiter alle jene Gräuel zu treiben. [11] Ist denn in euren Augen dieses Haus, über dem mein Name ausgerufen ist, eine Räuberhöhle geworden? Gut, dann betrachte auch ich es so - Spruch des Herrn."*

(Jer 7,1-7.9-11)

Fast gebetsmühlenartig wiederholt man wie eine Beschwörungsformel: Der Tempel des Herrn ist hier! Man meint, Jerusalem könne nichts zustoßen, weil dort ja der Tempel steht. Es wetterleuchtet schon am Horizont, politisches Unheil bahnt sich an. Doch man wiegt sich in Sicherheit, in einem fast magischen Vertrauen auf den Tempel, der Stätte von Gottes Gegenwart, deren man sich sicher zu sein glaubt. Immerhin hatte der Tempel 100 Jahre zuvor, 701, den Ansturm des Assyrerkönigs Sanherib überstanden, der die Belagerung Jerusalems hatte abbrechen müssen. Das hatte diese Selbstsicherheit offensichtlich kräftig bestärkt.

Wenn Jeremia in V. 11 den Tempel mit einer Räuberhöhle vergleicht (ein späterer Nachhall dazu in Mk 11,17), musste das in den Ohren seiner Zeitgenossen wie ein Sakrileg klingen. Doch Jeremia weist die Selbstsicheren auf den tiefen Widerspruch zwischen ihrer Lebenspraxis und ihrem oberflächlichen Gottesbekenntnis hin. Er hält seinen Landsleuten einen ganzen Katalog von Lastern vor, vor allem von sozialen Sünden. Wie Amos, Micha und Jesaja zuvor fordert er Gerechtigkeit vor Gericht, die Solidarität mit den Kleinen und Armen.

Gegen die sozialen Sünden

Jeremias Urteil über seine Zeitgenossen fällt verheerend aus:
„Zieht durch Jerusalems Straßen, schaut genau hin, und forscht nach, sucht auf seinen Plätzen, ob ihr einen findet, ob einer da ist, der Recht übt und auf Treue bedacht ist: Dann will ich der Stadt verzeihen – Spruch des Herrn. ² Doch selbst wenn sie sagen: „So wahr der Herr lebt", schwören sie gewiss einen Meineid."
(Jer 5,1-2)

Auf Jerusalems Straßen und Plätzen, also da, wo damals wie heute sich das ganze Leben abspielt, Geschäft und Handel, Arbeit und Freizeit, dort geschieht himmelschreiendes Unrecht. Die Mitmenschen werden betrogen nach Strich und Faden – und Gott wird auch noch als Zeuge für solchen Betrug angerufen! Da ist das Gemeinschaftsverhältnis tief gestört. Nicht nur den Bürgern Jerusalems, auch den Mächtigen hält Jeremia ihre sozialen Sünden vor: 22,13-19 findet sich ein Weheruf gegen König Jojakims Verschwendungssucht.
„Weh dem, der seinen Palast mit Ungerechtigkeit baut, seine Gemächer mit Unrecht, der seinen Nächsten ohne Entgelt arbeiten lässt und ihm seinen Lohn nicht gibt, ¹⁴ der sagt: Ich baue mir einen stattlichen Palast und weite Gemächer. Er setzt ihm hohe

Fenster ein, täfelt ihn mit Zedernholz und bemalt ihn mit Men-
nigrot. ^{15} *Bist du König geworden, um mit Zedern zu prunken?*
Hat dein Vater nicht auch gegessen und getrunken, dabei aber
für Recht und Gerechtigkeit gesorgt? Und es ging ihm gut. ^{16} *Dem*
Schwachen und Armen verhalf er zum Recht. Heißt nicht das,
mich wirklich erkennen? – Spruch des Herrn. ^{17} *Doch deine*
Augen und dein Herz sind nur auf deinen Vorteil gerichtet, auf
das Blut des Unschuldigen, das du vergießt, auf Bedrückung und
Erpressung, die du verübst. ^{18} *Darum – so spricht der Herr über*
Jojakim, den Sohn Joschijas, den König von Juda: Man wird für
ihn nicht die Totenklage halten: ,Ach, mein Bruder! Ach, Schwes-
ter!' Man wird für ihn nicht die Totenklage halten: ,Ach, der
Herrscher! Ach, seine Majestät!' ^{19} *Ein Eselsbegräbnis wird er be-*
kommen. Man schleift ihn weg und wirft ihn hin, draußen vor
den Toren Jerusalems."

Jeremia liest dem König kräftig die Leviten. Das Volk stöhnt ohne-
hin unter der Last der Abgaben an den Pharao (2 Kön 23,35) – da fällt
Jojakim nichts Besseres ein, als seinen Palast prunkvoll auszubauen
und zu verschönern – und das auf Kosten der kleinen Leute, denen
er sogar den ihnen zustehenden Lohn vorenthält. Eine schier unglaubliche Verletzung der Würde kleiner Leute. Wie mögen die sich
gefühlt haben? Dem Jojakim wird sein Vater Joschija als Beispiel vor
Augen gestellt. Joschija hatte für Recht und Gerechtigkeit gesorgt,
den Schwachen und Armen zu ihrem Recht verholfen – und er hat
gut dabei gelebt! Ganz im Gegensatz zu ihm handelt sein genuss-
süchtiger Sohn, der den Unschuldigen nicht nur ihr Recht nicht verschafft, sondern auch noch ihr Blut vergießt, der sein Volk
unterdrückt und erpresst, nur um selber in noch größerem Luxus
leben zu können.

Jeremia kündigt ihm eine harte Strafe an. Wie ein toter Esel wird er
verscharrt, ohne die Ehre eines angemessenen Begräbnisses. Für
einen frommen Israeliten war das die größte Schande, die ihm geschehen konnte, und ein großes persönliches Unglück dazu; wer kein
ordentliches Begräbnis erhielt, konnte nach damaliger Auffassung

auch seine Ruhe im Totenreich nicht finden, er ist verdammt, unruhig herumzuirren.

Jeremia – Ein nüchterner Mann

Jeremia übt nicht nur Kritik an sozialen Missständen, ganz im Stil der klassischen Propheten, er mischt sich auch unmittelbar in die Politik ein, gibt politische Ratschläge. Dabei erweist er sich als ein Mann von großer politischer Nüchternheit und starkem Realitätssinn.

Ein Beispiel dafür ist Jer 27,1-17:

„Im Anfang der Regierung Zidkijas, des Sohnes Joschijas, des Königs von Juda, erging vom Herrn folgendes Wort an Jeremia. 2 So sprach der Herr zu mir: Mach dir Stricke und Jochhölzer, und leg sie dir auf den Nacken! ... 9 Ihr aber, hört nicht auf eure Propheten, Wahrsager, Träumer, Zeichendeuter und Zauberer, wenn sie zu euch sagen: Ihr werdet dem König von Babel nicht untertan sein. 10 Denn sie lügen, wenn sie euch weissagen, und damit vertreiben sie euch aus eurer Heimat; denn ich verstoße euch, sodass ihr zugrunde geht. 11 Das Volk aber, das seinen Nacken unter das Joch des Königs von Babel beugt und ihm untertan ist, lasse ich ungestört auf seinem heimatlichen Boden - Spruch des Herrn -; es kann ihn bebauen und auf ihm wohnen. 12 Auch zu Zidkija, dem König von Juda, redete ich ganz in diesem Sinn: Beugt euren Nacken unter das Joch des Königs von Babel, und seid ihm und seinem Volk untertan; dann bleibt ihr am Leben. 13 Warum sollt ihr, du und dein Volk, durch Schwert, Hunger und Pest umkommen, wie der Herr dem Volk, das dem König von Babel nicht untertan sein will, angedroht hat? 14 Hört nicht auf die Reden der Propheten, die zu euch sagen: Ihr sollt dem König von Babel nicht untertan sein. Denn was sie euch weissagen, ist Lüge. 15 Ich habe sie nicht gesandt - Spruch des Herrn. ... 17 Hört nicht auf sie! Seid dem König von Babel untertan; dann bleibt ihr am Leben. Warum soll diese Stadt ein Trümmerhaufen werden?"
(Jer 27,1-2.9-15.17)

Auch dieser Text ist nicht aus einem Guss. Er blickt bereits auf das schon geschehene Unheil des Unterganges Jerusalems zurück; in V. 7 sogar schon auf das Ende Babylons (*„bis auch für sein eigenes Land die Zeit kommt, dass große Völker und mächtige Könige es knechten"*).

Jeremia beginnt mit einer der typischen prophetischen Symbolhandlungen: Er legt sich auf Befehl Jahwes ein Joch auf seine Schultern, mit dem man zwei Zugochsen zusammenspannt. Mit dieser symbolischen Handlung will er die Mächtigen in Jerusalem dazu aufrufen, die politischen Realitäten anzuerkennen und sich dem Joch des Königs von Babel zu beugen. Die Babylonier haben Jerusalem im Jahr 597 zum ersten Mal erobert. Jerusalem ist Teil des babylonischen Reiches geworden. Jeremia sieht nüchtern, dass ein Ausbruchsversuch aus der Oberhoheit des Königs von Babel einem politischen Selbstmord gleichkäme. Er wendet sich gegen die gefährliche politische Unvernunft der einflussreichen Kreise in Jerusalem, gegen ihre gefährlichen nationalistischen Träume, die völlig an der Realität vorbeigehen, die meinen, das Joch Babels abschütteln zu können. Er sieht sehr hellsichtig, dass das zwangsläufig in die Katastrophe führt. Es hat keinen Sinn, sich gegen die politischen Realitäten zu stemmen. Auch in ihnen erkennt er Gottes Willen.

Die Mehrheit in Jerusalem träumt immer noch von nationaler Eigenständigkeit und träumt an der Wirklichkeit vorbei. Sie lässt sich allzu gern von falschen Propheten einlullen, die immer nur Heil ankündigen, Gutes vorhersagen und damit die notwendige Umkehr des Volkes vereiteln, und damit gerade das Heil verhindern, das Gott seinem Volk ja schenken würde, wenn es nur umkehrte! Nur eine Minderheit in Jerusalem setzt auf eine Zusammenarbeit mit den Babyloniern, die Mehrheit setzt auf ein Bündnis mit dem bisherigen Todfeind Ägypten, und das führt schließlich in die Katastrophe. Jeremia hat sie nicht verhindern können. Er sympathisiert mit den Leuten, die auf einen Kompromiss setzen, nicht auf Gewalt, die realistisch eine Zusammenarbeit mit den Babyloniern suchen. Die

„Frommen" sind über seine Haltung entsetzt. Jeremia kollaboriert mit dem Feind! In Wirklichkeit bekämpft er verführerische Illusionen.

Der Brief Jeremias

Ähnlich aufregend ist der Brief, den Jeremia aus Jerusalem an die 597 nach Babylon Verbannten geschrieben hat (Jer 29,1-23). Hier zeigt sich die gleiche Nüchternheit. Jeremia sieht: Die Zeit des Exils wird dauern. Er ruft seine Landsleute dazu auf, sich keine falschen Hoffnungen auf eine schnelle Rückkehr zu machen, sondern sich auf einen langen Aufenthalt in Babylon einzurichten. Er ruft sie auf, Familien zu gründen (V. 6), sich um eine wirtschaftliche Überlebensbasis zu bemühen (V. 5), und um eine positive Einstellung gegenüber Babylon (V. 7), ja, sie sollen geradezu für das Wohl des Staates mitsorgen, in dem sie nun leben müssen und für sein Wohl beten. Soll das Volk überleben, müssen sich die Menschen arrangieren und Überlebensstrategien entwickeln.

Glaube ist nüchtern und realistisch, ganz im Gegensatz zu realitätsfernen Träumereien an Jerusalemer Kaminen, die von den falschen Heilspropheten geschürt werden. Ihre unrealistischen Träume sind geradezu gefährlich. Diese falschen Propheten hatten eine baldige Heimkehr angekündigt und zugleich zum Widerstand gegen die Babylonier aufgerufen (V. 21). Sie weisen falsche Wege, führen das Volk in die Irre, werden es gerade am Überleben hindern. Gott hat sie nicht autorisiert. Jeremia wollte, dass sein Volk die Verbannung überlebt und sich deswegen nüchtern und ohne Illusionen auf seine Lage einstellt. Nur so wird das Volk eine Zukunft und eine Hoffnung haben. Aber Jeremia wird nicht gehört. Jer 29,26-28 zeigt deutlich, wie man Jeremia in Jerusalem damals eingeschätzt hat: als "Spinner", den man möglichst aus dem Verkehr ziehen sollte.
Der Brief des Jeremia wurde später zur Richtschnur jüdischen Verhaltens in allen Ländern der jüdischen Diaspora. Schalom Ben-Chorin erzählt einmal, dass er noch alte jüdische Gebetsbücher zu Hause

hatte, in denen Gebete für den Prinzregenten Luitpold von Bayern und für Kaiser Wilhelm II. enthalten sind.

Wie absurd der Vorwurf des Defaitismus gegenüber Jeremia war, zeigt eine Begebenheit, die Jer 32 erzählt: Der Kauf des Ackers in Anatot, eine absurd scheinende Zeichenhandlung des Jeremia: Mitten während der immer aussichtloseren Belagerung Jerusalems im Jahr 587 kauft er für teures Geld einen Acker in Anatot. Damit löst er zwar eine Verwandtenpflicht ein; dennoch setzt er ein sprechendes Zeichen gegen die um sich greifende Hoffnungslosigkeit. Auch nach der Katastrophe wird es weitergehen, es werden wieder normale Zeiten kommen. Unterstrichen wird das noch dadurch, dass die Kaufurkunde versiegelt und in einem Tongefäß aufbewahrt wird. Das Wort Jahwes wird in Erfüllung gehen: *„Man wird wieder Häuser, Äcker und Weinberge kaufen in diesem Land"* (V. 15). Jeremia setzt ein deutliches Hoffnungszeichen gegen die Resignation seiner Zeitgenossen. Menschen, die solche Zeichen der Zuversicht setzen können, hätten wir heute wohl nötig!

Jeremia – Ein ausdauernder Mann

Eine eindrucksvoll erzählte Geschichte findet sich in Jer 36. Baruch, der Weggefährte und Schreiber Jeremias, schreibt die gesamte Verkündigung des Propheten in eine Buchrolle (VV. 1-8). Im Auftrag Jeremias (der möglicherweise gerade Redeverbot im Tempel hatte!) liest Baruch sie zunächst dem ganzen Volk in der Tempelhalle vor (VV. 9-13). Wenigstens einer, Micha (nicht identisch mit dem Propheten Micha), ist offenbar so alarmiert, dass Baruch die Buchrolle noch einmal den führenden Beamten vorliest (VV. 14-19). Diese sind so aufgeschreckt, dass sie schließlich auch König Jojakim vorgelesen werden muss. Und dann geschieht etwas Ungeheuerliches: König Jojakim schneidet bei der Verlesung Stück für Stück von der Rolle ab und wirft sie ins Kohlenbecken vor seinen Füßen, wo sie verbrennt. Und dann steht in V. 24 die lapidare Bemerkung: *„Niemand erschrak, und niemand zerriss seine Kleider ..."* Die Hofschranzen sind blind wie der König selbst, sie wollen nicht hören, wollen die Wahrheit nicht wahrnehmen. Jojakim will die prophetische Warnung partout nicht hören. Er versucht, Gottes Wort unschädlich zu machen – ein völlig sinnloses Unterfangen. Die Arroganz der Macht, die eine prophetische Stimme nicht hören will – und gerade so schlittert Jojakim in das Unheil hinein. Jeremia und Baruch aber müssen in Jerusalem untertauchen, um dem Zorn des Königs zu entgehen (V. 19).

In den verwirrenden Monaten vor der endgültigen Zerstörung Jerusalems wird Jeremia offenbar mehrmals gefangengesetzt. Jer 38,4-13 erzählt seine Rettung aus der Zisterne.

> *[4] Darauf sagten die Beamten zum König: Dieser Mann muss mit dem Tod bestraft werden; denn er lähmt mit solchen Reden die Hände der Krieger, die in dieser Stadt noch übriggeblieben sind, und die Hände des ganzen Volkes. ... [5] Der König Zidkija erwiderte: Nun, er ist in eurer Hand; denn der König vermag nichts gegen euch. [6] Da ergriffen sie Jeremia und warfen ihn in die Zisterne des Prinzen Malkija, die sich im Wachhof befand; man ließ ihn an Stricken hinunter. In der Zisterne war kein Wasser, sondern nur Schlamm, und Jeremia sank in den Schlamm. [7] Der Kuschiter Ebed-Melech, ein Höfling, der im königlichen Palast bedienstet war, hörte, dass man Jeremia in die Zisterne geworfen hatte. Während der König sich am Benjamintor aufhielt, [8] verließ Ebed-Melech den Palast und sagte zum König: [9] Mein Herr und König, schlecht war alles, was diese Männer dem Propheten Jeremia angetan haben; sie haben ihn in die Zisterne geworfen, damit er dort unten verhungert. Denn es gibt in der Stadt kein Brot mehr. [10] Da befahl der König dem Kuschiter Ebed-Melech: Nimm dir von hier drei Männer mit, und zieh den Propheten Jeremia aus der Zisterne herauf, bevor er stirbt. [11] Ebed-Melech nahm die Männer mit sich und ging zum Königspalast in die Kleiderkammer des Vorratshauses. Dort holte er Stücke von abgelegten und zerrissenen Kleidern und ließ sie an Stricken zu Jeremia in die Zisterne hinunter. [12] Dann rief der Kuschiter Ebed-Melech Jeremia zu: Leg die Stücke der abgelegten und zerrissenen Kleider in deine Achselhöhlen unter die Stricke! Jere-*

mia tat es. [13] Nun zogen sie Jeremia an den Stricken hoch und brachten ihn aus der Zisterne herauf. Von da an blieb Jeremia im Wachhof."

Jeremia hatte sich eindeutig gegen die Kriegspartei in Jerusalem gestellt. Er wird der „Wehrkraftzersetzung" bezichtigt (V. 4). Er hatte tatsächlich die Leute in Jerusalem zum Überlaufen zu den Babyloniern aufgefordert. Er hatte schon lange sehr realistisch gesehen, dass gegen die Babylonier kein Kraut gewachsen war und es politisch vernünftiger wäre, sich mit ihnen zu arrangieren – viel Blutvergießen und Leid wäre dem Volk erspart geblieben. Zwar scheuen sich seine Gegner, ihn direkt zu töten, doch geben sie ihn dem sicheren Untergang preis: Er wird in eine Zisterne geworfen, in deren Schlamm er langsam versinkt. Ausgerechnet ein Ausländer, vermutlich ein Schwarzer, Ebed-Melech, ein äthiopischer Palastbediensteter, rettet Jeremia, während die Angehörigen des eigenen Volkes ihn ungerührt hätten umkommen lassen.

Solidarität mit seinem Volk bis ans Ende

Jeremia wird nach der Einnahme Jerusalems von den Babyloniern aus der Haft befreit: Jer 39,11-14. Offenbar war ihnen das Wirken des Propheten nicht unbekannt geblieben. Doch Jeremia zieht daraus für sich keine persönlichen Vorteile. Er entschließt sich, bei seinem Volk zu bleiben. Er übt Solidarität mit denen, die ihm vorher weithin ihre Solidarität verweigert hatten. Er bekommt von den Babyloniern ein großzügiges Angebot: *„Nun aber löse ich dir heute die Fesseln an deinen Händen. Wenn es dir beliebt, mit mir nach Babel zu kommen, so komm mit, und ich will für dich sorgen. Willst du aber nicht mit mir nach Babel kommen, so lass es! Siehe, das ganze Land liegt vor dir; du kannst gehen, wohin du willst"* (Jer 40,4). Er schlägt das Angebot aus, in Babel ein sorgenfreies Leben führen zu können. Er bleibt im zerstörten Land. Jer 43,4-7 erzählt seine gewaltsame Verschleppung durch seine Landsleute nach Ägypten, wo sich seine Spur im Dunkel verliert und die tragische Geschichte des Jeremia zu ihrem Ende kommt.

Jeremia wird am Anfang als ein junger Mann geschildert, der eher schüchtern ist. Zwischendurch verspürt er immer wieder die Versuchung, aufzugeben. Und dann hält er seinen Auftrag 40 Jahre lang durch. Es ist übrigens möglich, dass diese Zahl 40, die sich aus den Angaben des Jeremiabuchs ergibt, eine symbolische Zahl ist. Lange Zeit und gegen viele Widerstände lässt Jeremia sich von seiner Berufung nicht abbringen. Jeremia teilt das Schicksal vieler anderer der großen Propheten, die weithin zu ihren Lebzeiten auf taube Ohren stießen und nicht gehört wurden. Sein Schicksal ist eine unüberhörbare Mahnung an uns, prophetische Stimmen von heute sehr wach wahrzunehmen und nicht an wichtigen Herausforderungen unserer Zeit vorbeizuleben.

Der Prophet Jona:
Gottes grenzenlose Liebe

Die Erzählung vom Propheten Jona, der nach Ninive geschickt wird, ist eine kleine Kostbarkeit. Eine Geschichte voll von verschmitztem Humor, mit lockerer Leichtigkeit erzählt.

Ninive

Jona kriegt den Auftrag, nach Ninive zu gehen; die Bosheit dieser Stadt stinkt buchstäblich zum Himmel. Man muss wissen: Ninive war die Hauptstadt der Assyrer gewesen: Ihre Soldaten hatten im ganzen Nahen Osten Angst und Schrecken verbreitet, Israel war von ihren Heeren geradezu durchpflügt worden.

Ein paar Mal hatten sie in Israel gewütet, viele Städte zerstört. Und just dahin wird Jona geschickt – zu den Todfeinden Israels. Er soll „gegen" sie reden. Jona hat sehr wohl verstanden, wie das gemeint ist (vgl. 4,1-3). Doch Jona will nicht. Er denkt wohl: Gott hat manchmal seltsame Einfälle!

Er soll nach Ninive, fern in den Osten. Stattdessen besteigt er ein Schiff, um nach Westen zu fliehen, weit weit weg von seinem Gott. Doch Gott lässt einen gewaltigen Sturm losbrechen. Während die heidnischen Matrosen ein jeder zu seinem Gott um Hilfe schreien, schläft Jona den Schlaf des Gerechten. Er ist endgültig abgetaucht – wie er meint. Als sie erfahren, durch Losentscheid übrigens, dass Jona die Ursache des ganzen Unglücks ist, werfen sie ihn kurzerhand ins Meer. Jona hatte sie selber darum gebeten. So ist er endlich seinen Auftrag los. Allerdings, tot wäre er auch!

Doch weit gefehlt: Ein gewaltiger Fisch verschluckt den Propheten. Im Bauch des Fisches formuliert Jona einen wunderbaren Psalm, der seine Rettung aus der Todesnot beschreibt (vielleicht von späterer Hand eingefügt). Jona bleibt sehr lange, drei Tage und drei Nächte, im Bauch des Fisches. Dann spuckt der Fisch ihn nach drei Tagen wohlbehalten ans Land und noch einmal ergeht der Auftrag an Jona, in der Stadt Ninive Buße zu predigen (wörtlich: „Rufe ihr die Botschaft zu, die ich dir sage!"). Was bleibt dem armen Kerl übrig? Er muss gehorchen.

Eine kurze Predigt

Die Erzählung ist voller grotesker Züge, alles an ihr ist übertrieben: Ninive wird als eine riesige Stadt beschrieben, man braucht drei Tage, um sie zu durchqueren. Ausgrabungen haben ergeben, dass die Stadt nur einen Durchmesser von etwa 5 km hatte. Da reicht eine knappe Stunde ... Jona gibt sich keine allzu große Mühe. Nur einen einzigen Tag lang geht er in die Stadt hinein. Und seine Predigt ist mehr als kurz: *„Noch vierzig Tage und Ninive ist zerstört!"* Das Überraschende geschieht: Die Bewohner von Ninive glauben an Gott, ein Fasten wird ausgerufen, die ganze Stadt hüllt sich in Bußgewänder, der König selber setzt sich in die Asche. Der Erzähler entwirft ein genaues Gegenbild zu Israels Starrsinn: Der König erhebt sich vom Thron, wirft sein Prachtgewand ab, hüllt sich in einen härenen Sack und setzt sich in den Staub. Dann gibt er feierlich den Befehl aus: Selbst die Tiere, Rinder, Schafe und Ziegen sollen fasten und in Bußgewänder gehüllt werden, – man versuche sich das nur vorzustellen!

Eine große Wirkung

Die Mini-Predigt des Jona hat eine umwerfende Wirkung. Die ganze Stadt bekehrt sich. Wie kommt der Erzähler dazu, gerade solches von Ninive zu erzählen? *„Hat er verspürt, dass spätestens seit den Propheten der exilischen und nachexilischen Zeit ein großes Lachen der Hoffnung in der Luft liegt? ... Wahrscheinlich provoziert er vor allem mit seinen grotesken Überzeichnungen von Ninives Umkehr seine zeitgenössischen Landsleute, die weit entfernt sind von solcher Umkehr und doch Gottes Erwählung allein für sich reklamieren, ohne Hoffnung für die Welt"* (H. W. Wolff).

79

Jona ärgert sich und sagt zu Gott: „*[2] ... Ach Herr, habe ich das nicht schon gesagt, als ich noch daheim war? Eben darum wollte ich ja ... fliehen; denn ich wusste, dass du ein gnädiger und barmherziger Gott bist, langmütig und reich an Huld und dass deine Drohungen dich reuen. [3] Darum nimm mir jetzt lieber das Leben, Herr! Denn es ist für mich besser zu sterben als zu leben"* (Jona 4,2-3). Jona zitiert die tiefe Glaubensüberzeugung seines Volkes, dass Gott großherzig ist, über alles menschlich erwartbare Maß hinaus. Aber er ist mit dieser Großherzigkeit Gottes überhaupt nicht einverstanden.

Dieser Jona ist schon ein seltsamer, miesepetriger Kerl. Lieber hätte er gesehen, Gott würde die Stadt mit Feuer und Schwefel vernichten. Dass sie sich nun bekehrt und Gott ihr verzeiht, das passt ihm überhaupt nicht. Voller Verdrießlichkeit verlässt er Ninive, macht sich draußen eine Laubhütte und setzt sich unter ihrem Schatten nieder, um zu sehen, was weiter mit der Stadt geschieht. Vielleicht ist ihre Umkehr ja nur von kurzer Dauer. Vielleicht kann er ja doch noch das Strafgericht Gottes „genießen".

Göttliche Belehrung für den Propheten

Gott lässt dem verdrießlichen Propheten eine Rizinusstaude wachsen, die ihm vor der sengenden Sonne Schatten spendet. Doch gleich schickt Gott einen Wurm hinterher; dieser nagt an der Pflanze und sie geht ein. Wieder ärgert sich der Prophet, weil die Strahlen der Sonne seinen Kopf kitzeln. Und Gott lässt ihm die Belehrung zuteilwerden: „*Dir ist es leid um den Rizinusstrauch, für den du nicht gearbeitet und den du nicht großgezogen hast. Über Nacht war er da, über Nacht ist er eingegangen. Mir aber sollte es nicht leid sein um Ninive, die große Stadt, in der mehr als hundertzwanzigtausend Menschen leben, die nicht einmal rechts und links unterscheiden können – und außerdem so viel Vieh?"* (Jona 4,10-11). – Mit diesen Sätzen endet das Jonabuch. Sind die Bewohner von Ninive denn wirklich so schlecht, wie Jona sie haben möchte? Vielleicht sind sie eher hilflos. Gottes Sympathie gilt auch ihnen – und sogar all dem lieben Vieh!

Ein sympathisches Buch

Ein sympathisches Buch! Es stammt aus einer Zeit, in der Israel politisch völlig bedeutungslos war, von fremden Mächten beherrscht wurde (es waren die Perser oder auch schon die Griechen, das wissen wir nicht ganz genau). Es war demütigend, die Schikanen der fremden Herrscher über sich ergehen zu lassen, und noch schlimmer war es, in der Freiheit der eigenen Religionsausübung behindert und eingeschränkt zu werden. Zorn kam auf – auf die Fremden. Und dann die Einstellung: Irgendwann wird sie die Strafe Gottes treffen, seine gerechte Strafe und dann werden wir triumphieren ...

In solch einer Situation hat ein Frommer in Israel oder auch eine Gruppe von gläubigen Menschen diese Geschichte erzählt, um die Engherzigkeit eines solchen Denkens aufzubrechen. Sie erzählen eine verrückte, herrlich komische Geschichte, voll von unwahrscheinlichen Dingen. Und ich stelle mir vor, wie die ersten Hörer mit offenem Mund zugehört haben. Dieser miesepetrige Jona, der Fisch, der ihn verschluckt und dann wohlbehalten wieder ans Land speit. Der überwältigende Erfolg seiner Predigt und seine seltsame Reaktion darauf ... Bis sie ganz am Schluss plötzlich merken: Da sind ja wir gemeint. Wir selber sind Jona. Ob sie sich haben überzeugen lassen? Wir wissen es nicht.

Diese Geschichte gehört zum Schönsten, was in der Bibel steht. Das Gottesbild dieser Erzählung ist von einer großen Weite. Gott liebt unterschiedslos alle Menschen. Er liebt auch die, die ihn scheinbar völlig vergessen haben. Er hat mit uns Menschen eine schier unendliche Geduld. Vor allem aber: Er liebt auch die Andersgläubigen, selbst die heidnischen Bewohner Ninives.

Eine kaum auszuschöpfende Geschichte

Es ist unmöglich, eine solche Geschichte auszuschöpfen. Man muss ihr einfach zuhören und kann sich dann seine Gedanken machen.

- Es ist mit Händen zu greifen: Der Erzähler will seine Zuhörer provozieren. Sein *„Jona erinnert an jenes mürrische Gemurmel unter* *den 'Gottesfürchtigen' der nachexilischen Zeit, die es unsinnig finden, Gott weiter zu dienen, und nutzlos, nach seinen Geboten zu fragen (Maleachi 3,14 ff.), nachdem man angesichts des Glücks der Gottlosen vergeblich fragt: 'Wo bleibt der Gott des Gerichts?' (2,17). Solchen Verdruss und solche Missgunst sucht er mit seiner besonderen Weise des Erzählens zu überwinden"* (H. W. Wolff).[3] Solche Missgunst kriege ich auch heute von Christen zu hören: Wenn dann am Ende alle Menschen gerettet werden, welchen Sinn hat es dann noch, Christ zu sein? Muss Gott nicht mit seinem Gericht dreinschlagen, damit die Menschen endlich auf ihn aufmerksam werden? Es müsste den Leuten mal wieder schlechter gehen, damit sie wieder an Gott glauben ...

Schrecklich! Soll ich denn den Leuten das Unglück auf den Pelz wünschen? Schon zur Zeit des Alten Testaments hat es solche Stimmen gegeben. Aber sie bekommen in der Bibel nicht recht! Nebenbei: Wenn ich so etwas denke: Es hat ja gar keinen Sinn Gott zu dienen, wenn am Ende doch alle gerettet werden – dann fasse ich unausgesprochen den Glauben als eine lästige Sache auf, die mir dumme Einschränkungen auferlegt, mir so vieles verbietet, mich am Leben hindert. Dabei ist es genau umgekehrt, zumindest, wenn ich den Glauben richtig verstehe: Er weitet mein Leben, er öffnet meinem Leben Perspektiven, gibt mir Hoffnung, Gelassenheit, gibt mir eine Ahnung davon, wozu mein Leben gut ist. Ich darf dankbar sein, glauben zu können!

- Jonas *„Selbstbehauptung klammert sich an eine unbewegliche Theologie. ... Was er selbst in Ninive gesagt hat, ist ihm wichtiger als das, was Gott dadurch bewirkt ... in stocksteifer Arroganz bleibt er nur auf sich selbst bezogen. Damit ist in Wirklichkeit Jona und das Recht seines Zorns das Problem"* (H. W. Wolff).

- Obwohl der Prophet Jona sich wehrt – Gottes Absicht kommt dennoch zum Ziel. Sie kommt selbst da zum Ziel, wo seine Boten unfähig oder gar unwillig sind. Welch ein Trost für uns heutige

---

[3] H. W. Wolff, in: Evangelische Kommentare 1/1977,41

Prediger, die wir ja, wenn wir denn ehrlich sind, genau wissen, wie sehr unsere eigene Schwäche und Begrenztheit der Botschaft von Gott im Wege steht!

- Als Jona im Bauch des Fisches verschwunden ist, scheint alles zu Ende. Aber Gott ist für viele Überraschungen gut. Wie oft denken wir, mit der Kirche, mit dem Glauben in unserem Land sei es zu Ende. Dürfen wir nicht auch heute mit Gottes überraschenden Eingriffen rechnen, im eigenen Leben, im Leben unserer Kinder, im Leben der jüngeren Generation, und auch im Leben der Kirche? Wobei seine Eingriffe eben nicht strafend, sondern vergebend sind. Dürfen wir nicht damit rechnen, dass Gott auch heute Wege zu den Herzen der Menschen finden wird, Wege, die wir vielleicht im Moment noch gar nicht sehen?

- Die Stadt Ninive steht in unserer Erzählung symbolisch für Größe und Bosheit zugleich. Ein Blick auf unsere heutige Welt mit all dem Größenwahn, mit dem wir Menschen sie verändern und zerstören, kann uns erschrecken lassen; noch mehr erschrocken sind wir die letzten Jahre über das Ausmaß an Hass und Bosheit, das sich in den Herzen vieler Menschen eingenistet hat. Der internationale Terrorismus lässt uns schier in Angst erstarren. Aber vielleicht kann Ninive sich auch heute bekehren, vielleicht kann Gott auch heute Wege zu den Herzen der Menschen finden, dass sie ablassen von ihrer Bosheit, dass mitten im tödlichen Hass dennoch Versöhnung werden kann.

- Die Geschichte von Jona ist eine reine Männergeschichte. Man könnte schon ins Sinnieren geraten: Ob der Erzähler nur die Bekehrung der Männer für notwendig hält? Oder ob er (wie viele Kirchenmänner) die Frauen schlicht und einfach vergessen hat?

- Jeder kann seine persönliche Entdeckung mit der Jonageschichte machen. Eine Hausfrau, 40 Jahre alt, äußerte in einem Bibelkreis: *„Jona, das ist für mich ein tiefes Gleichnis. Immer wieder merke ich: Jetzt frisst dich die Angst auf; jetzt verschlingt dich die Arbeit. Ich fühle mich dann wie in die Enge und Finsternis des Fischbauches gestoßen. Aber gerade in solchen Phasen werden Kräfte in mir wach, Kräfte des Nachdenkens, Betens, Umdenkens …"*

- Die Erzählung vom Propheten Jona lässt einen mit einem Lächeln zurück, am Ende über sich selbst: Ich selber bin Jona.

Eine wunderbare Botschaft von Gott

Wer bei der Jonageschichte nur von der Frage besessen ist, ob so etwas denn alles passiert sein könne, ob es denn wirklich so große Fische gebe, die Menschen unversehrt wieder ausspeien können, bleibt an der Oberfläche. Ich selber habe noch im Priesterseminar erlebt, dass versucht wurde, uns mit irgendeiner Südseegeschichte, wo ein Mensch tagelang in einem großen Fisch gewesen war und dann, etwas bleich und angeschlagen, von ihm ausgekotzt wurde, die Wahrheit des Jonabuches klarzumachen. Dabei liegt die auf einer ganz anderen Ebene! Friedrich Schiller hat einmal gesagt: *„Was sich nie und nirgend hat begeben, das allein veraltet nie."* Wer an die Bibel nur mit der verkrampften Frage herangeht, ob denn alles, was in ihr geschrieben ist, wirklich so passiert sei, liest an den schönsten Facetten der Bibel vorbei. Die Wahrheit der Jonaerzählung liegt darin, dass sie von einem Gott erzählt, dessen Güte all unsere Vorstellungskraft weit übersteigt. Man hat nicht zu Unrecht gesagt, das Buch Jona sei das Buch des Alten Testaments, das der Predigt Jesu am nächsten steht.

Literatur
- H. W. Wolff, Dodekapropheton 3. Obadja und Jona, BKAT, Neukirchen-Vluyn 1977

Psalm 74 – Ein Aufschrei angesichts der Trümmer des Tempels

„Warum, Gott, hast du uns für immer verstoßen?
Warum ist dein Zorn gegen die Herde deiner Weide entbrannt?
2 Denk an deine Gemeinde, die du vorzeiten erworben,
als Stamm dir zu Eigen erkauft,
an den Berg Zion, den du zur Wohnung erwählt hast.
3 Erheb deine Schritte zu den uralten Trümmern!
Der Feind hat im Heiligtum alles verwüstet.
4 Deine Widersacher lärmten an deiner heiligen Stätte,
stellten ihre Banner auf als Zeichen des Sieges.
5 Wie einer die Axt schwingt im Dickicht des Waldes,
6 so zerschlugen sie all das Schnitzwerk mit Beil und Hammer.
7 Sie legten an dein Heiligtum Feuer,
entweihten die Wohnung deines Namens bis auf den Grund.
8 Sie sagten in ihrem Herzen: ‚Wir zerstören alles.'
Und sie verbrannten alle Gottesstätten ringsum im Land.
9 Zeichen für uns sehen wir nicht,
es ist kein Prophet mehr da,
niemand von uns weiß, wie lange noch.
10 Wie lange, Gott, darf der Bedränger noch schmähen,
darf der Feind ewig deinen Namen lästern?
11 Warum ziehst du die Hand von uns ab,
hältst deine Rechte im Gewand verborgen?
12 Doch Gott ist mein König von alters her,
Taten des Heils vollbringt er auf Erden.
13 Du hast das Meer mit deiner Macht zerspalten,
du hast die Häupter der Drachen über den Wassern zerschmettert.
14 Du hast die Köpfe des Leviatan zermalmt,
du hast ihn zum Fraß gegeben den Ungeheuern der See.
15 Du ließest Quellen und Bäche hervorbrechen,
du ließest austrocknen Ströme, die sonst nie versiegen.

¹⁶ Dein ist der Tag, dein auch die Nacht,
du hast hingestellt Sonne und Mond.
¹⁷ Du hast die Grenzen der Erde festgesetzt,
Sommer und Winter - du hast sie geschaffen.
¹⁸ Denk daran: Der Feind schmäht den Herrn,
ein Volk ohne Einsicht lästert deinen Namen.
¹⁹ Gib dem Raubtier das Leben deiner Taube nicht preis;
das Leben deiner Armen vergiss nicht für immer!
²⁰ Blick hin auf deinen Bund!
Denn voll von Schlupfwinkeln der Gewalt ist unser Land.
²¹ Lass den Bedrückten nicht beschämt von dir weggehn!
Arme und Gebeugte sollen deinen Namen rühmen.
²² Erheb dich, Gott, und führe deine Sache!
Bedenke, wie die Toren dich täglich schmähen.
²³ Vergiss nicht das Geschrei deiner Gegner,
das Toben deiner Widersacher,
das ständig emporsteigt. "

Ein wahrer Verzweiflungsschrei! Wer diesen Text auf sich wirken lässt, spürt sofort: Den haben Menschen formuliert, die noch nicht allzu weit von den Ereignissen entfernt sind, die hier Gegenstand der Klage, fast einer Anklage gegen Gott sind. Die Zerstörung Jerusalems und des Tempels durch die Babylonier (587 v. Chr.) ist noch frisch im Gedächtnis. Der überwiegende Teil des Psalms dürfte in den ersten Jahrzehnten des Exils in Babylon entstanden sein. Der Form nach ist er ein Volksklagelied mit dem Aufbau: Klage – hymnisches Bekenntnis – Bitte.

Sein erster Teil ist eine unglaublich emotionale Klage angesichts der Zerstörung des Tempels (VV. 1-11). Sie wirkt fast wie eine Anklage Gottes. Das Verhältnis zu Gott scheint massiv gestört. Der zweite Teil beginnt mit dem berühmten trotzigen „dennoch" (VV. 12-17). Im dritten Teil findet sich eine Kette von Bitten an Gott (VV. 18-23). Ganz am Schluss steht weder ein Bekenntnis des Vertrauens noch ein hoffnungsvoller Ausblick (wie in Psalm 79 und 80). Der Psalm schließt mit einem Blick auf die gegenwärtige Situation: „*Vergiss nicht das Geschrei deiner Gegner, das Toben deiner Widersacher, das ständig emporsteigt*" (V. 23).

Erster Teil: Die Klage VV. 1-11

Warum hast du uns für immer verstoßen?

Das Gebet setzt mit einer Frage ein: Warum? Wozu? Zu was? Und direkt nach diesem Fragewort (hebräisch lamah) folgt gleich die Gottesbezeichnung Elohim. Warum, zu was, hast du verstoßen für immer? Ein eindringlicher Einstieg. Diese Abfolge macht aus der Klage der Not eine Anklage Gottes. Gott hat für immer verstoßen. Sein Zorn raucht gegen die Schafe seiner Weide. Das Rauchen des Gotteszorns setzt einen zweiten eindringlichen Akzent. Gott hat seine Herde nicht nur im Stich gelassen – er hat den Rauch seines Zorns gegen sie geschickt. Aufsteigender Rauch zeigt kriegerische und heimtückische Zerstörung an. Das Rauchen des Gotteszorns bringt Vernichtung. Gott tut das Gegenteil von dem, was man eigentlich von ihm erwartet. Dass ausgerechnet Gott die Schafe seiner Weide verstoßen hat – es scheint völlig unbegreiflich. Ist Gott gewalttätig gegen sein eigenes Volk? Gott hat sich in die Undurchdringlichkeit des Gottesdunkels zurückgezogen (E. Zenger).

In dieser Schärfe konnte man wohl nur in unmittelbarer Nähe zu den schrecklichen Ereignissen der Zerstörung der Stadt und des Tempels fragen. Die Härte und der Widersinn der Katastrophe werden ohne Beschönigung genannt. Hat Gott seinen Bund von sich aus gekündigt? So fragen die Betenden. „Rauch" ist eine Metapher, ein Bild, mit dem die in VV. 3-9 geschilderte Verwüstung des Tempels durch die Feinde vorbereitet wird. Zugleich klingt die ganze Wehr- und Hilflosigkeit „der Schafe" gegenüber diesem Herdenbesitzer an, der seine eigenen Weideflächen in Brand steckt (E. Zenger).

V. 2: *„Denk an deine Gemeinde, die du vorzeiten erworben."* Vorzeiten, ureinst – Gott wird an das seit undenklichen Zeiten erinnerte Gründungsgeschehen Israels erinnert. Er soll sich des Ur-Anfangs seiner Beziehung zu Israel erinnern. Die Zerstörung des Tempels hat seine eigene Gemeinde getroffen, die Gemeinde, die im Tempel ihre Identität erfahren hatte, bei den großen Wallfahrtsgottesdiensten vor allem. Sie hat die Gemeinde als Gegenüber Gottes getroffen – und damit Gott selbst.

Mit zwei Verben wird dieses Gründungsgeschehen näher beschrieben: „erwerben" und „lösen, auslösen" (Einheitsübersetzung: „erkaufen"). Hier spielt der Psalm auf die Befreiung aus Ägypten an, Gottes ureigene Heilstat. Im Lied des Mose in Ex 15 heißt es: „*[13] Du lenktest in deiner Güte das Volk, das du erlöst hast, du führtest sie machtvoll zu deiner heiligen Wohnung. ... [16] Schrecken und Furcht überfiel sie, sie erstarrten zu Stein vor der Macht deines Arms, bis hindurchzog, o Herr, dein Volk, bis hindurchzog das Volk, das du erschufst. [17] Du brachtest sie hin und pflanztest sie ein auf dem Berg deines Erbes. Einen Ort, wo du thronst, Herr, hast du gemacht; ein Heiligtum, Herr, haben deine Hände gegründet*" (Ex 15,13.16-17). Ziel göttlichen Handelns war es gewesen, das befreite Israel zum Zion zu führen. Auf diesem Berg hat Gott Wohnung genommen. Durch die Zeitangabe „ureinst" im „Ur-Anfang" wird der Beziehung Gottes zu Israel „eine geradezu unzerstörbare Gültigkeit zugesprochen" (E. Zenger) – und gerade darin wird das Unverständliche, geradezu Absurde der Katastrophe von 587 offenkundig. Die unlösbar scheinende Bindung Gottes an das Zionsheiligtum, als Stätte seiner Anwesenheit und als Mitte seiner Gottesgemeinde scheint von ihm selber aufgehoben – es sei denn, er macht sich auf, diesem Zustand ein Ende zu setzen.

Gott soll das zerstörte Tempelareal aufsuchen, soll sehen, wie die Feinde es verwüstet haben (V. 3). Er hatte doch selber den Tempel als Ort der Begegnung mit seinem Volk bestimmt. Er hatte sie ureinst als Bewohner des Erblandes auserwählt. Schau her, sieh dir das an, was die Feinde dort angerichtet haben! „*Erheb deine Schritte zu den uralten Trümmern!*" Uralte Trümmer: Die Verwüstung des Tempels hat schreckliche Ausmaße, wie für ewig liegen die Quadern herum, als seien sie nicht mehr zu beseitigen. Die Menschen müssen fassungslos gewesen sein angesichts der sinnlosen Zerstörungen.

„Sie legten an dein Heiligtum Feuer"

In den VV. 4-9 werden die Dimensionen der Katastrophe plastisch geschildert. Die Widersacher Gottes haben mitten im Tempelgelände gebrüllt wie wilde Tiere, mitten im heiligen Areal, wo die kultischen Versammlungen mit den Lobgesängen auf Gott stattgefunden hatten. Nun brüllen Israels Feinde dort ihre Siegesgesänge. Und dort haben sie ihre Feldzeichen und Kultsymbole aufgestellt.

Diese Feldzeichen muss man sich als Fahnen oder Standarten vorstellen, wie sie vielleicht für jeden Stamm Israels im Tempel gestanden hatten. Man vergleiche Num 2,2f.: *„² Alle Israeliten sollen bei ihren Feldzeichen lagern, jede Großfamilie mit einer eigenen Fahne. Sie sollen rings um das Offenbarungszelt so lagern, dass es jeder vor sich hat. ³ Vorne, nach Osten hin, ist das Lager Judas mit seinen Feldzeichen ..."* Das Offenbarungszelt in der Wüste war der Vorläufer des späteren Tempels gewesen. Nun haben die Babylonier ihre Feldzeichen im Tempel aufgestellt. Sie waren vermutlich mit Götterbildern oder Götterfiguren geschmückt. Sie sind an die Stelle der bisher von Israel aufgestellten Zeichen getreten. Der Text in V. 5 gilt als schwierig und zum Teil verderbt. Erich Zenger rekonstruiert bzw. übersetzt ihn möglichst nah am hebräischen Text. Die Zerstörung des Tempels wird durch ein Bild illustriert: ein Mann, der im Dickicht des Waldes seine Axt schwingt. Die Babylonier haben die teilweise mit Gold und Elfenbein überzogenen Schnitzereien an den Türen und Wänden des Tempels zerschlagen, um sie als Beute mitzunehmen, oder um sie demonstrativ zu vernichten. Dabei gingen sie vor, wie wenn man einen Urwald rodet.

Die Pracht des Tempels mit seinen kostbaren Schnitzereien wird in 1 Kön 6 geschildert:

¹⁴ „So vollendete Salomo den Bau des Hauses. ¹⁵ Er täfelte seine Innenwände mit Zedernholz aus; vom Fußboden bis zu den Balken der Decke ließ er eine Holzvertäfelung anbringen. Den Fußboden belegte er mit Zypressenholz. ... ¹⁸ Im Innern hatte das Haus Zedernverkleidung mit eingeschnitzten Blumengewinden und Blütenranken. Alles war aus Zedernholz, kein Stein war zu sehen. ¹⁹ Im Innern des Hauses richtete er die Gotteswohnung ein, um die Bundeslade des Herrn aufstellen zu können. ²⁰ Die Wohnung war zwanzig Ellen lang, zwanzig Ellen breit und zwanzig Ellen hoch; er überzog sie mit bestem Gold. Auch ließ er einen

Altar aus Zedernholz herstellen. [21] Das Innere des Hauses ließ Salomo mit bestem Gold auskleiden, und vor der Gotteswohnung ließ er goldene Ketten anbringen. [22] So überzog er das ganze Haus vollständig mit Gold; auch den Altar vor der Gotteswohnung überzog er ganz mit Gold".
(1 Kön 6,14-15.18-22)

All diese Pracht ist Opfer barbarischer Zerstörung geworden.
Nach Jerusalemer Theologie sollte der Tempel der Welt Halt und Unerschütterlichkeit geben. Man lese nur den Ps 46, um zu ermessen, welch ein Schock seine Zerstörung für die Bewohner Jerusalems gewesen sein muss.

[5] *„Die Wasser eines Stromes erquicken die Gottesstadt,*
des Höchsten heilige Wohnung.
[6] *Gott ist in ihrer Mitte, darum wird sie niemals wanken;*
Gott hilft ihr, wenn der Morgen anbricht.
[7] *Völker toben, Reiche wanken,*
es dröhnt sein Donner, da zerschmilzt die Erde.
[8] *Der Herr der Heerscharen ist mit uns,*
der Gott Jakobs ist unsre Burg.

[9] *Kommt und schaut die Taten des Herrn,*
der Furchtbares vollbringt auf der Erde.
[10] *Er setzt den Kriegen ein Ende*
bis an die Grenzen der Erde;
er zerbricht die Bogen, zerschlägt die Lanzen,
im Feuer verbrennt er die Schilde.
[11] *„Lasst ab und erkennt, dass ich Gott bin,*
erhaben über die Völker, erhaben auf Erden."
[12] *Der Herr der Heerscharen ist mit uns,*
der Gott Jakobs ist unsre Burg."
(Ps 46,5-8.9-12)

Der Tempel, die Wohnung des Namens Gottes, war bis zu seinen Grundmauern entweiht, war unbrauchbar geworden. Die Katastrophe hatte nicht Gott selber in seiner Göttlichkeit getroffen, sondern

„nur" seinen Namen. Immerhin hatte Gott angekündigt, dass sein Name im Tempel wohnen solle, damit man ihn dort anrufen konnte. Eindrucksvoll wird das im Tempelweihgebet des Königs Salomo ausgesprochen:

> [27] *„Wohnt denn Gott wirklich auf der Erde? Siehe, selbst der Himmel und die Himmel der Himmel fassen dich nicht, wie viel weniger dieses Haus, das ich gebaut habe.* [28] *Wende dich, Herr, mein Gott, dem Beten und Flehen deines Knechtes zu! Höre auf das Rufen und auf das Gebet, das dein Knecht heute vor dir verrichtet.* [29] *Halte deine Augen offen über diesem Haus bei Nacht und bei Tag, über der Stätte, von der du gesagt hast, dass dein Name hier wohnen soll. Höre auf das Gebet, das dein Knecht an dieser Stätte verrichtet.* [30] *Achte auf das Flehen deines Knechtes und deines Volkes Israel, wenn sie an dieser Stätte beten. Höre sie im Himmel, dem Ort, wo du wohnst. Höre sie und verzeih! ...* [41] *Auch Fremde, die nicht zu deinem Volk Israel gehören, werden wegen deines Namens aus fernen Ländern kommen;* [42] *denn sie werden von deinem großen Namen, deiner starken Hand und deinem hoch erhobenen Arm hören. Sie werden kommen und in diesem Haus beten.* [43] *Höre sie dann im Himmel, dem Ort, wo du wohnst, und tu alles, weswegen der Fremde zu dir ruft. Dann werden alle Völker der Erde deinen Namen erkennen. Sie werden dich fürchten, wie dein Volk Israel dich fürchtet, und erfahren, dass dein Name ausgerufen ist über diesem Haus, das ich gebaut habe."*
> (1 Kön 8,27-30.41-43)

Hier ist diese Namenstheologie eindrucksvoll dargelegt – und äußerst großzügig. Auch Fremde und Ausländer sollen im Tempel Gottes Gehör finden. Welch ein Abstand zwischen dieser grandiosen und hohen Theologie und der Wirklichkeit! Nun ist der Tempel bis zum Boden entweiht.

„Sie sagten in ihrem Herzen: Wir zerstören alles" (V. 8). In diesem Zitat der Feinde kommt vielleicht das historisch plausible Motiv der Zerstörung des Tempel zur Sprache. Wenn man 2 Kön 25 genau liest, fand die Plünderung der Tempelanlage und des Königspalastes erst vier Wochen nach der Einnahme Jerusalems statt. Sie galt dem poli-

tischen Zentrum, von dem aus der Widerstand gegen die Babylonier ausgegangen war. Man wollte jede neue Revolte im Keim ersticken (E. Zenger). Auch die Bemerkung, dass alle Gottesstätten im Land von den Babyloniern verbrannt wurden, scheint historisch plausibel zu sein. Man wollte nicht nur das Widerstandspotenzial in der Hauptstadt brechen. Dass es trotz der Reform unter Joschija noch Gottesstätten im Land gab, ist historisch sehr wahrscheinlich. Nun ist eine große religiöse Not entstanden. Israels bevorzugter Ort des Kontakts mit Gott ist verloren gegangen.

„Kein Prophet ist mehr da"

Dieser Verlust Gottes macht sich nicht nur im Aufhören der Gottesdienste bemerkbar. Es gibt keine amtlichen Mittler des Gotteswillens und der Gottesorientierung mehr. Es gibt keine Zeichen mehr, die Gottes Gegenwart bezeugen, es gibt keine durch die Kultpropheten ergehenden Gottesworte mehr, keine autoritative Lehre der Priester, die die Frage beantworten könnten: Wie lange noch? Das Fehlen der amtlichen Gotteskünder – es ist fast, als spiegele das auch ein wenig unsere heutige kirchliche Situation.

Die Frage „Wie lange noch?" vermag niemand zu beantworten. So wird sie Gott entgegengeschrien: Das Treiben der babylonischen Feinde ist eine Verhöhnung Gottes selber. Ist Gott eben doch nur ein schwacher Provinzgott, der gegen die mächtigen Götter der Babylonier nichts machen kann? Ist er schwach oder ist er grausam, weil er nicht eingreift? Diese uralte Alternative, die den meisten Theodizee-Diskussionen bis heute zugrunde liegt, steht zum einen auch im Hintergrund der den ersten Teil des Psalms abschließenden Warum-Frage. Zum anderen wird diese Frage in V. 11 an Gott selber gerichtet, weil nur er sie beantworten kann – durch ein seinem Namen entsprechendes Handeln, d.h. gemäß seiner, *„im Ur-Anfang – von ihm selbst zugesagten, rettenden und schützenden Gegenwart bei seiner Herde"* (E. Zenger).

Die Warum-Frage schließt den ersten Teil des Psalms ab. Warum ziehst du deine Hand zurück? Warum verbirgst du deine Rechte im

Gewandbausch? Gott wird geradezu Untätigkeit vorgeworfen, Gott wollte wegsehen. Das widerspricht allem, was man bisher von Gott geglaubt hat. „*6 Deine Rechte, Herr, ist herrlich an Stärke; deine Rechte, Herr, zerschmettert den Feind. ... 12 Du strecktest deine Rechte aus, da verschlang sie die Erde*" (Ex 15,6.12). Wo ist das alles geblieben? Aussichtslose Fragen sind aufgebrochen.

Zweiter Teil: Das trotzige „Dennoch" – VV. 12-17

Am Anfang des zweiten Teils steht das berühmte, trotzige „Dennoch". Und wieder, wie in V. 2 steht gleich die Anrede Gottes dahinter. Gott ist mein König von alters her – auch hier wird V. 2 wieder aufgenommen. Das universale Weltkönigtum Gottes wird in Erinnerung gerufen.

Der Hoffnungslosigkeit von VV. 1-11 wird jetzt ein Bekenntnis der Hoffnung entgegengestellt. VV. 12-17 versuchen, den Widerspruch aufzulösen. Gott wird direkt angeredet, in einem hymnischen Bekenntnis, in einer geradezu beschwörenden Du-Anrede. Dieser mittlere Teil beschwört das Fundament des Gottesglaubens. Trotz der im ersten und dritten Teil des Psalms drastisch geschilderten Realitäten wird der Glaube an ihn nicht zerstört. Der gesamte Text ist vor allem deswegen eindrucksvoll, weil jede seiner Zeilen in VV. 13–17 im hebräischen mit einer betonten Du-Anrede beginnt. Das ist oben in der Wiedergabe der Einheitsübersetzung berücksichtigt worden.

In VV. 13-15 werden Weltschöpfung, Exodus und Landnahme als „Gründungshandeln" Gottes mythisch dargestellt. In VV. 16-17 wird das Bekenntnis zu Gottes Königtum schöpfungstheologisch begründet. Den ganzen Text durchzieht die Spannung zwischen Chaos und Kosmos. Aber Gott hat über die feindlichen chaotischen Mächte gesiegt. VV. 13-17 fassen zusammen, was für Israel (13-15) und die Welt (16-17) immer und grundlegend gilt, so lange es Israel und die Welt gibt: Gott bleibt der, der auf der Erde Rettung wirken kann.

Die VV. 13-15 spielen auf den Exodus und die Landnahme an. Sie sind die mythische Urzeit Israels. Der Exodus und der Götterkampf

Jahwes mit dem Pharao am Schilfmeer werden erinnert. 15 ist eine Anspielung auf den in Jos 3 erzählten Durchzug durch den Jordan als Wiederholung des in Ex 14 erzählten Durchgangs durch das Schilfmeer. Der Jordan hält seine Wassermassen einfach zurück, während sie nach unten weiter abfließen, bis Israel trockenen Fußes hindurchgezogen ist.

Im Moselied Ex 15,1-18, ein Text, der überhaupt erst im Tempelgottesdienst in Jerusalem entstanden sein kann, liegt eine ganz analoge Mythisierung vor. Ein paar Verse daraus:

> *„Damals sang Mose mit den Israeliten dem Herrn dieses Lied; sie sagten: Ich singe dem Herrn ein Lied, denn er ist hoch und erhaben. Rosse und Wagen warf er ins Meer. [2] Meine Stärke und mein Lied ist der Herr, er ist für mich zum Retter geworden. Er ist mein Gott, ihn will ich preisen; den Gott meines Vaters will ich rühmen. ... [13] Du lenktest in deiner Güte das Volk, das du erlöst hast, du führtest sie machtvoll zu deiner heiligen Wohnung. ... [17] Du brachtest sie hin und pflanztest sie ein auf dem Berg deines Erbes. Einen Ort, wo du thronst, Herr, hast du gemacht; ein Heiligtum, Herr, haben deine Hände gegründet. [18] Der Herr ist König für immer und ewig.“*

(Ex 15,1-2.13.17-18)

Das steht ganz im Dienst des Aufweises, dass Jahwes Königsherrschaft universal ist, alles umfasst, die ganze Welt. Diese Überzeugung wird in Ps 74 im Stil eines festen Bekennens dem Ansturm der Fragen entgegengestellt.

VV. 16-17 geben einen kosmischen Aufweis der unerschütterlichen Königsherrschaft Gottes. Der Grundrhythmus der kosmischen Zeit, „Tag und Nacht", hält an. Entsprechend wechseln Mondleuchte und Sonne. Der Großrhythmus des agrarischen Jahres, „Sommer und Winter", ist nicht aufgehoben. Die Ordnung des Kosmos besteht weiter, ist weiterhin verlässlich. Auch wenn die Lebensordnungen der Gemeinschaft zerbrochen sind, gibt es eine bleibende Konstante. Sie ist durch die Katastrophe von 587 keineswegs zerbrochen. Gott bleibt der Stifter, der Garant und Eigentümer der Weltordnung.

Dritter Teil: Positive und negative Bitten – VV. 18-23

Mit einer Reihe von positiven und negativen Bitten schließt der Psalm. In V. 18 taucht zum ersten Mal der Gottesname Jahwe auf. Die Feinde haben höhnisch gelacht. In V. 18b heißt es wörtlich: *„Ein Toren-Volk hat gelästert deinen Namen".* Hier ist im Hebräischen wohl ein Wortspiel beabsichtigt. Die Wendung am nabal, „Toren-Volk" spielt auf die Wendung „Babel-Volk" an: am babel. Das Hauptmerkmal des Toren ist, dass er die von Gott gesetzten Ordnungen nicht anerkennt: *„Die Toren sagen in ihrem Herzen: Es gibt keinen Gott"* (Ps 14,1). Die Toren lästern den heiligen Namen Gottes. Das sollte Gott eigentlich veranlassen, seine Sache endlich in die Hand zu nehmen, endlich aus seiner Verborgenheit herauszutreten, angesichts der Tatsache, dass die Toren ihn täglich schmähen.

Mit V. 23 schließt der Psalm sehr verhalten: *„Vergiss nicht das Geschrei deiner Gegner, das Toben deiner Widersacher, das ständig emporsteigt."* Das entspricht ganz der Lage, in der sich der Glaube Israels befindet. Am Schluss steht weder ein Vertrauensbekenntnis noch ein hoffnungsvoller Ausblick. Der Blick geht nüchtern in die trostlose Gegenwart. Ist Gott dabei, sein Volk zu vergessen?

Die VV. 19-21 könnten zeitlich später entstanden sein, jedenfalls nicht in der Situation der Zerstörung Jerusalems durch die Babylonier. Hier wird möglicherweise eine Wachstumsgeschichte des Psalms sichtbar. 19-21 könnte eine spätere Aktualisierung sein, ausgelöst durch eine veränderte zeitgeschichtliche Situation. Der Text setzt die sozialen Verwerfungen voraus, die im 5. und 4. Jahrhundert die nunmehr kleine Tempelgemeinde in Jerusalem erschüttert haben. Ein Beispiel dafür aus dem Buch Nehemia:

„Die Männer des einfachen Volkes und ihre Frauen erhoben aber laute Klage gegen ihre jüdischen Stammesbrüder. [2] Die einen sagten: Wir müssen unsere Söhne und Töchter verpfänden, um Getreide zu bekommen, damit wir zu essen haben und leben können. [3] Andere sagten: Wir müssen unsere Felder, Weinberge und Häuser verpfänden, um in der Hungerzeit Getreide zu bekommen. [4] Wieder andere sagten: Auf unsere Felder und Weinberge mussten

wir Geld aufnehmen für die Steuern des Königs. ⁵ Wir sind doch vom selben Fleisch wie unsere Stammesbrüder; unsere Kinder sind ihren Kindern gleich, und doch müssen wir unsere Söhne und Töchter zu Sklaven erniedrigen. Einige von unseren Töchtern sind schon erniedrigt worden. Wir sind machtlos und unsere Felder und Weinberge gehören anderen. ⁶ Als ich ihre Klage und diese Worte hörte, wurde ich sehr zornig."
(Neh 5,1-6)

Der Psalm parallelisiert die Vernichtung der Armen mit der Tempelzerstörung von 587 v. Chr. Im 5. Jahrhundert sind die babylonischen Tempelzerstörer längst aus der Geschichte verschwunden – aber jetzt sitzt der Wurm in der Gesellschaft Israels selbst! Dass die Schlupfwinkel des Landes voll sind von Gewalt, beklagt auch Gen 6,11.13: Die Gewalttat, wovon die ganze Erde voll ist, wird zum Anlass des Gerichts durch die Sintflut: *„¹¹ Die Erde aber war in Gottes Augen verdorben, sie war voller Gewalttat. ... ¹³ Da sprach Gott zu Noach: Ich sehe, das Ende aller Wesen aus Fleisch ist da; denn durch sie ist die Erde voller Gewalttat. Nun will ich sie zugleich mit der Erde verderben."*

Zwischen V. 18 und V. 21 gibt es einen Stichwortkontrast: In V.18 lästern die Toren den Namen Gottes, in V. 21 sollen die Armen den Namen Gottes (wieder) lobpreisen (können), eine Spannung, die Gott zum Handeln bewegen soll. Der dritte Teil des Psalms ruft Gott dazu auf, als Stifter des Kosmos dem hereingebrochenen Chaos ein Ende zu setzen. Er soll den Kampf gegen die babylonischen Tempelzerstörer aufnehmen (18.22f.). Er soll die Gewalttäter entmachten, die die Armen bedrohen (19-21). Auch Gewalt gegen die Armen ist ein Angriff auf die kosmische Weltordnung. Der V. 19 findet für die Unterdrückung der Armen ein eindrucksvolles Bild: *„Gib dem Raubtier das Leben deiner Taube nicht preis."* Wieder einmal sind es die Armen, die kleinen Leute, die der Übermacht ihrer Ausbeuter nichts entgegenzusetzen haben. Die Ausbeuter werden mit Raubtieren verglichen, die das Leben „deiner Taube" bedrohen. Die Mächtigen nutzen ihre Macht gegenüber den Armen rücksichtslos aus, niemand vermag die

Hilflosen vor ihrer Willkür zu schützen. Das erinnert an den großen Zorn der Propheten, die sich massiv auf die Seite der kleinen Leute gestellt hatten – gegen eine korrupte Justiz und gegen die führenden Kreise.

Keine glatte Lösung

Als Entstehungszeit des ursprünglichen Psalms VV.1-18.22-23 kommt am ehesten die Exilszeit in Frage (6. Jh.). Der Psalm setzt sich mit der Erschütterung des Gottesglaubens auseinander und mit der damit verbundenen Identitätskrise der den Psalm betenden Gemeinschaft, ausgelöst durch die Zerstörung des Jerusalemer Tempels, aber auch durch die Verwüstung anderer Heiligtümer in Juda. Er beklagt die vollständige Zerstörung des Tempels. Man wird den Psalm vermutlich in der Frühzeit des Exils ansetzen müssen.

Mit der Verwüstung des Tempels als eines Ortes der Gottesbegegnung korrespondiert die Zerstörung der Gottesnähe durch die Gewalttäter und Ausbeuter (VV. 19-21). Der Kampf Gottes gegen die Tempelverwüster muss sich also nicht nur gegen die feindlichen Gotteslästerer richten, sondern auch und mehr noch gegen die Mächtigen, die die Armen unterdrücken und entwürdigen. In dieser Perspektive behält der Psalm seine Aktualität auch in der Zeit, in der der Tempel wieder aufgebaut war (und behält sie bis heute).

Der Psalm lebt von der Dramatik der Theodizeeklage. Er bietet am Ende keine glatte Lösung. Er ist *eine* Stimme angesichts der Not des Exils. Er hält am Bekenntnis vom rettenden Gott fest – obwohl alles dagegen spricht. Die Wirklichkeit steht dem Gottesglauben diametral entgegen. Sie ist und bleibt trostlos. Und doch sagen die Leute nicht: Es ist kein Gott, sondern sie schreien ihm ihre Klagen entgegen.

Literatur
• E. Zenger, Psalm 74, in: Frank-Lothar Hossfeld/Erich Zenger, Psalmen 51-100, Herders Theologischer Kommentar zum Alten Testament, Freiburg 2000, 355-372

Vom Reichtum des Psalmenbuches

Rainer Maria Rilke schreibt in einem Brief an seinen Verleger: *„Ich habe die Nacht einsam hingebracht … und habe schließlich die Psalmen gelesen, eines der wenigen Bücher, in denen man sich restlos unterbringt, mag man noch so zerstreut und angefochten sein."*

Das Buch der Psalmen ist faszinierend. Diese Sammlung von 150 Gebeten Israels ist in vielen Jahrhunderten entstanden. Viele unbekannte Fromme haben an diesem Buch „mitgeschrieben", haben ihre Gebets- und Glaubenserfahrungen in Worte gefasst. Gläubige Menschen bringen ihre Dankbarkeit, ihre Begeisterung über die Welt zum Ausdruck, aber auch ihre Klagen und ihre Not, ihre Ratlosigkeit angesichts der Widersprüche der Welt und ihrer Geschichte – all das sprechen sie in aller Offenheit vor Gott aus.

1. Die Vielfalt der Lebenssituationen im Psalter

Im Psalter kommt das menschliche Leben in seiner ganzen Bandbreite zur Sprache. An ein paar Beispielen möchte ich das illustrieren. Ganz von prophetischem Protest gegen die Willkür der Mächtigen und gegen soziale Ausbeutung ist der Psalm 58 geprägt:

> *„² Sprecht ihr wirklich Recht, ihr Mächtigen?*
> *Richtet ihr die Menschen gerecht?*
> *³ Nein, ihr schaltet im Land nach Willkür,*
> *euer Herz ist voll Bosheit;*
> *eure Hände bahnen dem Unrecht den Weg."*

Bewegend beschreibt der 71. Psalm die Einsamkeit des Altwerdens:
> *„⁵ Herr, mein Gott, du bist ja meine Zuversicht,*
> *meine Hoffnung von Jugend auf.*

⁶ Vom Mutterleib an stütze ich mich auf dich,
vom Mutterschoß an bist du mein Beschützer;
 dir gilt mein Lobpreis allezeit ...
⁹ Verwirf mich nicht, wenn ich alt bin,
verlass mich nicht, wenn meine Kräfte schwinden ...
¹⁸ Auch wenn ich alt und grau bin,
o Gott, verlass mich nicht ... ."

Im Psalm 88 klingt die Einsamkeit und Not eines schwerkranken und einsam gewordenen Menschen auf:
„² Herr, du Gott meines Heils,
zu dir schreie ich am Tag und bei Nacht ...
⁴ Denn meine Seele ist gesättigt mit Leid,
mein Leben ist dem Totenreich nahe ...
⁹ Die Freunde hast du mir entfremdet,
mich ihrem Abscheu ausgesetzt;
ich bin gefangen und kann nicht heraus.
¹⁰ Mein Auge wird trübe vor Elend.
Jeden Tag, Herr, ruf' ich zu dir;
ich strecke nach dir meine Hände aus.
¹¹ Wirst du an den Toten Wunder tun,
werden Schatten aufstehn, um dich zu preisen?
¹² Erzählt man im Grab von deiner Huld,
von deiner Treue im Totenreich? ...
¹⁹ Du hast mir die Freunde und Gefährten entfremdet;
mein Vertrauter ist nur noch die Finsternis."

Aus der Erfahrung eines langen und schweren Lebens ist der schwermütige Psalm 129 entstanden. Es ist das Gebet eines leidgeprüften Menschen, der seine lebenslange Erfahrung in Worte fasst. Die Bildwelt und die etwas schwerfällige Sprache lassen an einen einfachen Menschen vom Land denken. Mit schwerer Hand schreibt er lang bedachte Worte nieder. Aber gerade in dieser Schlichtheit ist der Psalm so ergreifend.

„¹ *Sie haben mich oft bedrängt von Jugend auf,*
- so soll Israel sagen -,
² *sie haben mich oft bedrängt von Jugend auf,*
doch sie konnten mich nicht bezwingen.
³ *Die Pflüger haben auf meinem Rücken gepflügt,*
ihre langen Furchen gezogen."

Daneben gibt es Psalmen, die sind voller Jubel über die Schöpfung Gottes, über seine Führung in der Geschichte, über die gottesdienstliche Versammlung im Tempel. Als Beispiel stehe hier der Psalm 150:

„¹ *Halleluja! Lobet Gott in seinem Heiligtum,*
lobt ihn in seiner mächtigen Feste!
² *Lobt ihn für seine großen Taten,*
lobt ihn in seiner gewaltigen Größe!
³ *Lobt ihn mit dem Schall der Hörner,*
lobt ihn mit Harfe und Zither!
⁴ *Lobt ihn mit Pauken und Tanz,*
lobt ihn mit Flöten und Saitenspiel!
⁵ *Lobt ihn mit hellen Zimbeln,*
lobt ihn mit klingenden Zimbeln!
⁶ *Alles, was atmet,*
lobe den Herrn! Halleluja!"

Nicht zu vergessen die vielen Dankhymnen, die die Größe und Schönheit der Welt besingen, den Schöpfer preisen und die aus praller Freude am Leben geschrieben sind. Ein unendlicher Reichtum an Lebenserfahrung hat sich in all diesen Texten angesammelt.

2. Der Reichtum an Gotteserfahrung

a) Das Lob des Schöpfers: Psalm 8

Zunächst ein Gedicht von Hans Magnus Enzensberger[4]:

Geburtsanzeige

Wenn dieses Bündel auf die Welt geworfen wird
die Windeln sind noch nicht einmal gesäumt
der Pfarrer nimmt das Trinkgeld eh ers tauft
doch seine Träume sind längst ausgeträumt
es ist verraten und verkauft

wenn es die Zange noch am Schädel packt
verzehrt der Arzt bereits das Huhn das es bezahlt
der Händler zieht die Tratte und es trieft
von Tinte und von Blut der Stempel prahlt
es ist verzettelt und verbrieft

wenn es im süßlichen Gestank der Klinik plärrt
beziffern die Strategen schon den Tag
der Musterung des Mords der Scharlatan
drückt seinen Daumen unter den Vertrag
es ist versichert und vertan

noch wiegt es wenig hässlich rot und zart
wieviel es netto abwirft welcher Richtsatz gilt
was man es lehrt und was man ihm verbirgt
die Zukunft ist vergriffen und gedrillt
es ist verworfen und verwirkt

---

[4]   aus: Hans Magnus Enzenberger, Gedichte 1955-1970, © Suhrkamp Verlag, Berlin – Frankfurt/M 1971 (stb4) 11

wenn es mit krummer Hand die Luft noch fremd begreift
steht fest was es bezahlt für Milch und Telefon
der Gastarif wenn es im grauen Bett erstickt
und für das Weib das es dann wäscht der Lohn
es ist verbucht verhängt verstrickt

wenn nicht das Bündel das da jault und greint
die Grube überhäuft den Groll vertreibt
was wir ihm zugerichtet kalt zerrauft
mit unerhörter Schrift die schiere Zeit beschreibt
ist es verraten und verkauft.

Ein unglaublich resigniertes Lebensgefühl kommt in diesem modernen Text zum Ausdruck: verraten und verkauft, versichert und vertan, verworfen und verwirkt, verbucht, verhängt, verstrickt ... Der Mensch, in eine schreckliche Welt hineingeboren, die ihn verplant und hindert, die ihn vorprogrammiert und lenkt, ihn am Leben hindert, ihn mehr einengt als fördert ... So kaltschnäuzig dieses Gedicht auf den ersten Blick scheint, es ist aus tiefer Liebe zum Menschen geschrieben, es ist Protest gegen all die Formen von Verkümmerung menschlichen Lebens.

Psalm 8: Was ist der Mensch?

Was ist der Mensch? Aus dem Psalm 8 spricht ein ganz anderes Lebensgefühl. Auch dieser Psalm weiß um die Hinfälligkeit des Menschen: *„Was ist der Mensch, dass du dich um ihn kümmerst, des Menschen Kind, dass du es beachtest?"*, so formuliert im Anklang an den Psalm 8 der Psalm 144,3. Und er fährt fort: *„Der Mensch gleicht einem Hauch, seine Tage sind wie ein flüchtiger Schatten."*
Auch der Beter des 8. Psalms kennt dieses Gefühl der Verlorenheit, das ihn beim Anblick des Sternenhimmels überkommt. Und doch hat dieser Psalm eine ganz andere Tönung:
„[2] Herr, unser Herrscher,
wie gewaltig ist dein Name auf der ganzen Erde;
über den Himmel breitest du deine Hoheit aus.

³ Aus dem Mund der Kinder und Säuglinge schaffst du dir Lob,
deinen Gegnern zum Trotz;
deine Feinde und Widersacher müssen verstummen.
⁴ Seh' ich den Himmel, das Werk deiner Finger,
Mond und Sterne, die du befestigt:
⁵ Was ist der Mensch, dass du an ihn denkst,
des Menschen Kind, dass du dich seiner annimmst?
⁶ Du hast ihn nur wenig geringer gemacht als Gott,
hast ihn mit Herrlichkeit und Ehre gekrönt.
⁷ Du hast ihn als Herrscher eingesetzt über das Werk deiner Hände,
hast ihm alles zu Füßen gelegt:
⁸ All die Schafe, Ziegen und Rinder
und auch die wilden Tiere,
⁹ die Vögel des Himmels und die Fische im Meer,
alles, was auf den Pfaden der Meere dahinzieht.
¹⁰ Herr, unser Herrscher,
wie gewaltig ist dein Name auf der ganzen Erde!"

Dankbarkeit und Staunen

Da steht jemand staunend unter dem sternübersäten Nachthimmel und wie es uns manchmal auch gehen mag, überkommt ihn ganz plötzlich ein Gefühl des Verlorenseins: Wer bin ich schon angesichts der unendlichen Weite der Welt? Doch im gleichen Moment überwältigt ihn die erschütternde Einsicht: So klein und unbedeutend ich bin, der große Gott kümmert sich um mich kleinen Menschen! Mein kleines Schicksal ist ihm wichtig! Ich denke, gerade wir Heutigen können die Erschütterung des Psalmisten gut nachempfinden. Wenn wir uns die riesigen Räume des Weltalls vergegenwärtigen, deren Ausmaße uns überhaupt erst in den letzten Jahren so richtig zum Bewusstsein gekommen sind, kann uns beim Anblick des Sternenhimmels weit mehr als ein Frösteln überkommen. Sind wir nicht ein bedeutungsloses Nichts angesichts der unendlichen Räume des Alls? Da lädt uns dieses alte Gebet ein, darauf zu vertrauen, dass unser Leben nicht eine bedeutungslose Episode ist, am Rand eines unermesslichen Universums, sondern dass Gott unser kleines, begrenztes Leben mit großem Wohlwollen umfängt. Dankbarkeit und Staunen sind der Grundton dieses Psalms.

Was heißt: Herrschaft über die Erde?

Die Verse 6 und 7 sind ganz von Königsmotiven durchzogen. Aber die Bilder, die sonst im Alten Orient bei der Königsinthronisation gebraucht werden, sind hier übertragen auf den Menschen. In diesem Psalm findet fast eine Revolution statt: Nicht nur der König, sondern der Mensch, jeder Mensch ist Bild Gottes, Kind Gottes, Stellvertreter Gottes auf dieser Erde! (vgl. Gen 1,26-28). Eine Aussage, die dem Leben jedes Menschen ein unglaubliches Gewicht verleiht. Jeder Mensch ist Offenbarung der Güte, Liebe, Lebenskraft Gottes, eine Würde, die ihm von Gott gegeben ist, die er sich nicht erst durch eigene Leistung erarbeiten muss.

Wenn der Psalm von der Herrschaft des Menschen über diese Erde spricht, so meint er keineswegs die Ausbeutung oder die willkürliche Verfügung über die Erde. Herrschen im Sinne der Bibel heißt: hüten, Leben ermöglichen, sich für das Schwache einsetzen. Die Ehrfurcht vor der Schöpfung, in Verantwortung vor Gott: Das sind Haltungen, die wir heute neu einüben müssen.

„Aus dem Mund der Kinder und Säuglinge ..."

Rätselhaft ist zunächst der Vers 3: *„Aus dem Mund der Kinder und Säuglinge schaffst du dir Lob, deinen Gegnern zum Trotz, deine Feinde und Widersacher müssen verstummen."* Er erklärt sich am besten von Klgl 1,1-5 her, der eindrucksvollen Klage über die Zerstörung der Stadt Jerusalem, die der Text mit einer Witwe vergleicht, die um ihre Kinder weint:

„¹ Weh, wie einsam sitzt da
die einst so volkreiche Stadt.
Einer Witwe wurde gleich
die Große unter den Völkern. ...

² Sie weint und weint des Nachts,
Tränen auf ihren Wangen. ...
⁴ Die Wege nach Zion trauern,
niemand pilgert zum Fest,
verödet sind all ihre Tore. ...
⁵ Ihre Bedränger sind an der Macht,
ihre Feinde im Glück. ...
Ihre Kinder zogen fort,
gefangen, vor dem Bedränger."

Israel hat mit seinen Psalmen gelebt, hat sie je neu mit den Ereignissen seiner Geschichte in Verbindung gebracht. Ps 8,3 erklärt sich am besten dadurch, dass dieser Vers nach der Katastrophe von 587 in den Psalm eingefügt wurde. Hat sich in der Zerstörung des Tempels nicht die totale Ohnmacht Gottes erwiesen? Nicht wenige haben damals den Glauben an Gott verloren. Und es stellt sich die Frage: Kann man auf dem Hintergrund dieser entsetzlichen geschichtlichen Ereignisse den Psalm 8 noch so unbefangen beten? Wo bleibt denn die gepriesene Lebenskraft Gottes in dieser Welt? Wird sie durch die Leidensgeschichte des Volkes nicht massiv in Frage gestellt? Und nun trägt man den Vers 3 in den Psalm ein, sozusagen in einem trotzigen „Dennoch". Dass das geschlagene, ohnmächtige Israel dennoch den Namen Gottes in den Mund nimmt, das ist der große Machterweis Gottes in der Welt: *„Aus dem Mund der Kinder und Säuglinge schaffst du dir Lob."* Welch ein Glaube wird hier sichtbar!

Selbst in der trostlosen Situation des Exils erklingt das Lob Gottes! Er erklingt den Feinden und Widersachern zum Trotz. Und wenn der Himmel, Mond und Sterne als das Werk der Finger Gottes bezeichnet werden, die Gott sozusagen mit spielerischer Leichtigkeit schafft, so ist das eine ironische Anspielung auf den Gestirnglauben und die Gestirnverehrung der Babylonier, deren Götter so viel mächtiger scheinen als der Gott Israels (vgl. Gen 1,14-19).

Psalm 8 – Heute

Der Psalm ist in den Versen 2 und 10 von einer Antiphon eingerahmt, die wohl von einer Vorsänger-Gruppe gesungen wurde: *Herr, unser Herrscher, wie gewaltig ist dein Name auf der ganzen Erde!* Der ganze Psalm strahlt Ruhe und Schönheit aus. Selbst in der Situation des Exils verstummt das Lob Gottes nicht.

Wenn wir den Psalm heute lesen, könnte uns im Einlassen auf diesen Text aufgehen, dass unser kleines unscheinbares Leben eingefügt ist in die große Geschichte Gottes mit der Welt. Gott erinnert sich eines jeden Menschen. Dieser Psalm könnte uns erinnern, dass wir in dieser Welt eine einmalige Aufgabe zu tun haben, diese Welt in ihrer Schönheit und Vielfalt zu bewahren. Schließlich könnte uns der Kontrast des Enzensberger-Gedichtes den großen Skandal deutlich machen, dass das Leben so vieler Menschen sich nicht entfalten kann. Das ist diametral gegen den Willen des Schöpfers. Gerade als Christen haben wir Anwalt des Menschen und seiner Würde zu sein.

b) Die Klage: Psalm 13

Wieder möchte ich mit einem modernen Text beginnen, dem „Großen Dankchoral" von Bertold Brecht [5]:

Lobet die Nacht und die Finsternis, die euch umfangen!
Kommet zuhauf
Schaut in den Himmel hinauf:
Schon ist der Tag euch vergangen.

Lobet das Gras und die Tiere, die neben euch leben und sterben!
Sehet, wie ihr
Lebet das Gras und das Tier
Und es muss auch mit euch sterben.

---

[5] aus Bertold Brecht, Gesammelte Gedichte I, © Suhrkamp Verlag, Berlin – Frankfurt/M. 1976 (es 835), 215-216

Lobet den Baum, der aus Aas aufwächst jauchzend zum Himmel!
Lobet das Aas
Lobet den Baum, der es fraß
Aber auch lobet den Himmel.

Lobet von Herzen das schlechte Gedächtnis des Himmels!
Und dass er nicht
Weiß euren Nam' noch Gesicht
Niemand weiß, dass ihr noch da seid.

Lobet die Kälte, die Finsternis und das Verderben!
Schauet hinan:
Es kommet nicht auf euch an
Und ihr könnt unbesorgt sterben.

Eine Kirchenlied-Parodie, voll von bitterem Sarkasmus. Oder vielleicht doch die ernsthafte, tausendfach gestellte Frage: In dieser Welt an einen guten Gott glauben, wie geht das zusammen mit unseren so bedrückenden und widersprüchlichen Erfahrungen? „Das schlechte Gedächtnis des Himmels" – diese Kirchenlied-Parodie Brechts richtet sich gegen einen oberflächlichen christlichen Jubel, der einfach die Härte der Wirklichkeit verdrängt oder überspringt. Den Psalter kann diese Parodie freilich nicht treffen. Denn er kennt sehr wohl das „schlechte Gedächtnis des Himmels": *„Mein Gott, mein Gott, warum hast du mich verlassen?"* (Ps 22,2).

Psalm 13

Eindrucksvolles Zeugnis einer solchen Klage ist der Psalm 13:
„² Wie lange noch, Herr, vergisst du mich ganz?
Wie lange noch verbirgst du dein Gesicht vor mir?
³ Wie lange noch muss ich Schmerzen ertragen in meiner Seele,
in meinem Herzen Kummer Tag für Tag?
Wie lange noch darf mein Feind über mich triumphieren?

> *⁴ Blick doch her, erhöre mich, Herr, mein Gott,*
> *erleuchte meine Augen,*
> *damit ich nicht entschlafe und sterbe,*
> *⁵ damit mein Feind nicht sagen kann:*
> *„Ich habe ihn überwältigt",*
> *damit meine Gegner nicht jubeln,*
> *weil ich ihnen erlegen bin.*
> *⁶ Ich aber baue auf deine Huld,*
> *mein Herz soll über deine Hilfe frohlocken.*
> *Singen will ich dem Herrn,*
> *weil er mir Gutes getan hat."*

Da betet ein Mensch, der am Ende seiner Kräfte ist. Sein Leid erscheint ihm ausweglos. Eindringlich, fast aufsässig, ruft er seine Not Gott entgegen: Wie lange noch ... Viermal nacheinander stellt er diese vorwurfsvolle Frage, voller Ungeduld, fast wie eine Anklage.

Fragen an Gott

„Wie lange noch, Herr, vergisst du mich ganz?"
Der biblische Mensch erlebt Gesundheit und Wohlergehen als Zeichen der Nähe seines Gottes, als Erweis göttlicher Zuwendung. Vertraut mit Gott leben, sich von seiner Weisung führen lassen, sich ihm in Gebet und Lebenspraxis überlassen – das ist die Sinnmitte des Lebens. Jahwe ist für den alttestamentlichen Menschen der, der sich erinnert und gedenkt. Denken Sie an die großartige Szene vom brennenden Dornbusch in Exodus 3: *„Ich habe das Elend meines Volkes gesehen ...".* Und nun ist für den Beter all das in Frage gestellt. Gott hat ihn vergessen, so scheint es. Das stürzt ihn in tiefe Aussichtslosigkeit.

„Wie lange noch verbirgst du dein Gesicht vor mir?"
Für den alttestamentlichen Menschen ist Jahwe der, der Menschen voll Güte ansieht, sich ihm voller Wohlwollen zuwendet. Der alttestamentliche Gott hat ein Antlitz. Er nimmt die Nöte der Menschen wahr. Und nun: Er verbirgt sein Antlitz. Das Leid scheint wie eine

Mauer zwischen Gott und dem Betenden zu stehen. Hat Jahwe seine Liebe entzogen? Aber der Betende findet sich nicht einfach damit ab. Da ist die vorwurfsvolle Frage: Wie lange noch? Ungeduld und Erschöpfung klingen aus dieser Frage, der Leidende scheint am Ende seiner Kraft, und doch ist er trotzig entschlossen, an Gott festzuhalten, auch wenn dieser ihn scheinbar im Augenblick nicht festhält. Seine Klage kommt letztlich aus einer tiefen Gläubigkeit; er hält an Gott fest, auch im Dunkel der scheinbaren Gottverlassenheit.

„Wie lange noch muss ich Schmerzen ertragen in meiner Seele, in meinem Herzen Kummer Tag für Tag?"
Hier erzählt der Beter, was das Leid mit ihm selbst macht. Seine Seele sein Ich, seine Mitte ist wie zerrissen. Statt zum Leben Ja sagen zu können, kreisen seine Pläne und Gedanken immerzu um sein Leid. Warum, wozu, so fragt er, und das Tag für Tag. Das Leid lähmt ihn, drückt ihn, führt ihn in tiefe Mutlosigkeit. Er kommt mit seinen Gedanken nicht davon los. Und wenn er sagt, es sei jetzt genug, so ist das auch ein Protest gegen alle vorschnellen Erklärungen und Glättungen, die das Leid verharmlosen und den Schmerz des Leidenden nicht ernstnehmen.

„Wie lange noch darf mein Feind über mich triumphieren?"
Sehr häufig ist in den Psalmen von den Feinden die Rede. Oft werden Unglück, Krankheit und Tod als fast persönliche, böse Mächte gefürchtet. Es könnte aber auch die Erfahrung dahinter stehen, dass der Leidende von Freunden oder Angehörigen im Stich gelassen wird oder sich im Stich gelassen fühlt. Ein ägyptisches Sprichwort sagt: „Am Tag des Unglücks hat der Mensch keinen Freund." Es kann aber auch sein, dass der leidende Mensch so sehr durch Ängste und Misstrauen besetzt ist, dass er hinter allem und jedem feindliche Absicht wittert. Es mag sein, dass Wirklichkeit und Projektion ineinanderfließen. Jedenfalls: Er fühlt sich durch sein Leid von den Menschen völlig isoliert. Er fühlt sich in einer abgrundtiefen Verlassenheit.

Ruf aus der Tiefe

Aus dieser Tiefe erhebt sich sein Ruf mit drei eindringlichen Imperativen: Blick doch her, erhöre mich, erleuchte meine Augen! Er bittet eindringlich, dass Lebenskraft und Lebensfreude in ihn zurückkehren, dass sein Lebenswille sich erneuert. Aber noch einmal fällt sein Blick zurück auf die Menschen, wie sie ihm aus dem Weg gehen, wie sie ihn als Störenfried empfinden. Zumindest empfindet er so. All diese Ängste spricht er noch einmal aus.

Dann aber fällt er sich sozusagen selber ins Wort. Was immer die Menschen denken und sagen, wie immer sie sich verhalten, wie tief ich mich auch geschlagen fühle – ich vertraue dennoch auf deine Güte. Das entsprechende hebräische Wort „vertrauen" drückt die Gewissheit und Unerschütterlichkeit aus, sich bei Gott geborgen zu fühlen, ein Ausruhen, in dem man sich sicher fühlt, weil man sich auf sein Gegenüber verlassen kann. Das Wort, das hier mit „Huld" übersetzt ist, meint Gottes Güte, seine spontane Solidarität, die darauf aus ist, Leben zu ermöglichen. Gott ist in seinem innersten Wesen der helfende, rettende, für den Menschen engagierte Gott.

Der Beter hat sein Herz ausgeschüttet, hat seine Klage ausgesprochen. Nun steht er nicht mehr da, wo er am Anfang stand. „Der Psalm begann als Klage ... Der Psalm schließt mit zuversichtlichen, der Zukunft gewissen Worten ... Der sein Leid vor Gott Klagende bleibt nicht bei seiner Klage. Damit es aber dazu komme, muss das Leid erst zu Wort kommen, sich aussprechen können, und eben dies geschieht in der Klage, in der der Leidende vor Gott „sein Herz ausschüttet" (C. Westermann).

c) Du siehst in mein Herz und kennst mich: Psalm 139

„*[1] Herr, du hast mich erforscht und du kennst mich.*
[2] Ob ich sitze oder stehe, du weißt von mir.
Von fern erkennst du meine Gedanken.
[3] Ob ich gehe oder ruhe, es ist dir bekannt;
du bist vertraut mit all meinen Wegen.

⁴ Noch liegt mir das Wort nicht auf der Zunge -
du, Herr, kennst es bereits.
⁵ Du umschließt mich von allen Seiten
und legst deine Hand auf mich.

⁶ Zu wunderbar ist für mich dieses Wissen,
zu hoch, ich kann es nicht begreifen.
⁷ Wohin könnte ich fliehen vor deinem Geist,
wohin mich vor deinem Angesicht flüchten?
⁸ Steige ich hinauf in den Himmel, so bist du dort;
bette ich mich in der Unterwelt, bist du zugegen.
⁹ Nehme ich die Flügel des Morgenrots
und lasse mich nieder am äußersten Meer,
¹⁰ auch dort wird deine Hand mich ergreifen
und deine Rechte mich fassen.
¹¹ Würde ich sagen: „Finsternis soll mich bedecken,
statt Licht soll Nacht mich umgeben",
¹² auch die Finsternis wäre für dich nicht finster,
die Nacht würde leuchten wie der Tag,
die Finsternis wäre wie Licht.

¹³ Denn du hast mein Inneres geschaffen,
mich gewoben im Schoß meiner Mutter.
¹⁴ Ich danke dir, dass du mich so wunderbar gestaltet hast.
Ich weiß: Staunenswert sind deine Werke.
¹⁵ Als ich geformt wurde im Dunkeln,
kunstvoll gewirkt in den Tiefen der Erde,
waren meine Glieder dir nicht verborgen.
¹⁶ Deine Augen sahen, wie ich entstand,
in deinem Buch war schon alles verzeichnet;
meine Tage waren schon gebildet,
als noch keiner von ihnen da war.
¹⁷ Wie schwierig sind für mich, o Gott, deine Gedanken,
wie gewaltig ist ihre Zahl!
¹⁸ Wollte ich sie zählen, es wären mehr als der Sand.
Käme ich bis zum Ende, wäre ich noch immer bei dir ...

> [23] *Erforsche mich, Gott, und erkenne mein Herz,*
> *prüfe mich und erkenne mein Denken!*
> [24] *Sieh her, ob ich auf dem Weg bin, der dich kränkt,*
> *und leite mich auf dem altbewährten Weg!"*
> (Ps 139,1-18.23f.)

Dieser Psalm gehört zu meinen Lieblingspsalmen. Ich habe ihn schon oft in kleinen Gesprächsgruppen erarbeitet. Dabei habe ich den Teilnehmenden den Text so vorgelesen, wie ich es gerade auch getan habe. Dann habe ich die Frage in die Runde geworfen: Welche Gefühle, Empfindungen, Eindrücke kamen in Ihnen hoch, als Sie diesen Text hörten? Das Ergebnis war – für mich zunächst verblüffend – jedes Mal exakt das gleiche: Aus dem Kreis der Teilnehmenden kamen extrem gegensätzliche Äußerungen!

Gegensätzliche Reaktionen auf den Psalm

Die einen sagten: Dieser Psalm ist wohltuend. Er vermittelt mir ein Gefühl von Geborgenheit. Es ist gut zu wissen, dass Gott mich versteht, dass ich bei ihm geborgen bin ... So ging das meist eine ganze Zeit. Aber irgendwann, und fast jedes Mal war es eine Frau, sagte plötzlich jemand: Ich finde diesen Psalm schrecklich; schrecklich, von diesem Gott ständig beobachtet zu werden, ihm nicht ausweichen zu können; schrecklich, dieses Gefühl, dass dieser Gott mich bis in mein Inneres durchschaut. Das ist ja nicht zum Aushalten ... Dann habe ich die Frage in die Runde geworfen, wieso ein und derselbe Text so unterschiedliche Reaktionen auslösen kann. Wir kamen darauf, dass das mit den eigenen religiösen Vorerfahrungen zusammenhängt, vor allem mit der Erziehung, wie sie viele von uns in ihrer Kindheit und Jugend noch genossen haben, wo uns oft ein sehr düsteres, strenges Gottesbild vermittelt wurde – nach dem Motto: Es ist ein Aug, das alles sieht ... Meist gingen die Wogen hoch!

Ein Gott, der in meine Abgründe sieht ...

Wenn wir an dieser Stelle angekommen waren, habe ich den Text des Psalms ausgeteilt, und wir haben den ganzen Psalm gelesen. Ich habe nämlich ein bisschen gemogelt und den letzten Teil des Psalms weggelassen. Und der lautet so:

„¹⁹ Wolltest du, Gott, doch den Frevler töten!
Ihr blutgierigen Menschen, lasst ab von mir!
²⁰ Sie reden über dich voll Tücke
und missbrauchen deinen Namen.
²¹ Soll ich die nicht hassen, Herr, die dich hassen,
die nicht verabscheuen, die sich gegen dich erheben?
²² Ich hasse sie mit glühendem Hass;
auch mir sind sie zu Feinden geworden.
²³ Erforsche mich, Gott, und erkenne mein Herz,
prüfe mich und erkenne mein Denken!
²⁴ Sieh her, ob ich auf dem Weg bin, der dich kränkt,
und leite mich auf dem altbewährten Weg!"
(Ps 139,19-24)

Die Überraschung und die Betroffenheit über die Verse 19-22 war zunächst groß. Ist ein solcher Ausbruch von Zorn und Aggression nicht tief erschreckend? Übrigens auch in unserem Brevier ist dieses Stück weggelassen, auch im Gotteslob finden sich diese Verse nicht, auch im neuen Gotteslob ist das so! Ist es sinnvoll, Psalmen auf diese Weise zu zensieren?

Je weiter wir uns dann an den Text herangetastet haben, umso größer wurde die Betroffenheit. Da betet ein Mensch, der in sich selber tief zerrissen ist, um die Abgründe in seinem eigenen Inneren weiß, voller Aggressionen steckt, tief verletzt ist von anderen, tief verunsichert über sich selbst. Und das alles versucht er nicht zu verdrängen, sondern er nimmt es wahr, im wörtlichen Sinn! Mehr noch: Er gesteht es vor Gott ein!

... und sehen darf!

Bisher war die Welt des Psalmbeters wohl geordnet: auf der einen Seite die Feinde Gottes, die man ganz genau benennen konnte, auf der anderen Seite die Freunde Gottes, denen unser Beter sich ganz selbstverständlich zugehörig fühlte. Der Psalmbeter hatte sich seine Welt wunderbar eingeteilt. Er selber fühlte sich ganz auf der Seite Gottes und viele andere auf der falschen Seite. Man könnte fast sagen, er war so etwas wie ein religiöser Fundamentalist. Und diese Haltung hat ihm offenbar Hass und Feindschaft eingetragen, hat ihn von den anderen getrennt, hat ihn immer einsamer werden lassen, hat ihn isoliert.

Wenn wir von diesem Schluss her einen Blick auf den ersten, scheinbar so glatten Teil des Psalms werfen, merken wir: Da betet ein tief verunsicherter Mensch. Er hat auch schon mal mit der Möglichkeit gespielt, zu fliehen, allem davonzulaufen: „*7 Wohin könnte ich fliehen vor deinem Geist, wohin mich vor deinem Angesicht flüchten? 8 Steige ich hinauf in den Himmel, so bist du dort; bette ich mich in der Unterwelt, bist du zugegen*" (Ps 139,7-8). Mehr noch: Er hat, isoliert und in die Enge getrieben und von den anderen abgelehnt, auch schon mit Selbstmordfantasien gespielt: „*11 Würde ich sagen: Finsternis soll mich bedecken, statt Licht soll Nacht mich umgeben, 12 auch die Finsternis wäre für dich nicht finster, die Nacht würde leuchten wie der Tag, die Finsternis wäre wie Licht*" (Ps 139,11-12). Ja, das hat er sich auch schon gewünscht, dass ihn Finsternis bedecke, dass doch endlich mit allem Schluss sei ...

In diesem Psalm begegnet uns ein Mensch, der an die äußersten Grenzen seines Lebensmuts geraten ist, der von anderen offenbar tief verletzt wurde, der sich plötzlich seines eigenen Anteils an seiner Misere bewusst wird, des tiefen Zwiespalts und seiner eigenen Abgründe, Abgründe, die er bisher wohl nicht wahrhaben wollte. Dass Gott ihn mit all diesen Abgründen durchschaut und dass er ihn dennoch liebt – das ist die große Einsicht des Psalmbeters! Gott weiß um die Abgründe, er sieht und er darf sehen! „Erkennen" (V. 23) bedeutet im Alten Testament nicht ein objektiv-kaltes Durchschauen, es bedeutet das liebende Erkennen, das Vertrautwerden!

„Deine Augen sahen, wie ich entstand, in deinem Buch war schon alles verzeichnet; meine Tage waren schon gebildet, als noch keiner von ihnen da war" (V. 16). Das ist nicht „das Buch, darin ist eingetragen alle Schuld aus Erdentagen" (aus dem dies irae). Nein, diese Aussage ist auf dem Hintergrund des ganzen Psalms so zu hören: Alle meine Tage, auch die schweren und bitteren, waren von dir „vorgesehen" – und gesegnet.

Die Psalmen zensieren?

In den optimistischen 60er- und 70er-Jahren habe ich auch oft den Standpunkt vertreten, Texte wie Psalm 139,19-22 könne ein Christ nicht mehr nachvollziehen. Das war reichlich hochmütig und unbedarft. Aggressionen, Abneigung, Gefühle von Zorn, Groll und Hass sind Realitäten in uns! Ist es nicht viel besser, sie einzugestehen, statt sie krampfhaft zu verdrängen? Wer solche Gefühle „wahrnimmt" und sie dann sogar noch vor Gott aussprechen kann, der ist vermutlich viel ausgeglichener und friedfertiger als jemand, der sie verdrängt und in sich hineinfrisst!

Nachdem der Psalmbeter all die unverarbeiteten Dinge aus sich herausgeschrien hat, findet er am Schluss zur inneren Ruhe. Es ist, als ob er tief durchatme und dann ganz bescheiden sagt: *„Erforsche mich, Gott, und erkenne mein Herz, prüfe mich und erkenne mein Denken! Sieh her, ob ich auf dem Weg bin, der dich kränkt, und leite mich auf dem altbewährten Weg!"* (Ps 139,23f.).

Wer bin ich im Tiefsten? Dessen ist sich der Psalmbeter ganz unsicher geworden. Nachdem er all die unverarbeiteten Gefühle aus sich herausgelassen hat, sie eingestanden hat, hält er am Schluss plötzlich inne und sagt ganz bescheiden: Korrigiere mich Gott, wenn ich falsch lag und zu weit ging. Und er weiß ganz tief, dass er in seiner eigenen menschlichen Fragwürdigkeit dennoch von Gott gehalten und geliebt wird. Das ist die aufregende Botschaft dieses Psalms: Gott sieht die Grenzen und Abgründe des Menschen und bleibt doch der, der den Menschen unendlich liebt.

Er entzieht ihm seine Sympathie nicht. Dieser Psalm könnte uns einladen, selber Gott gegenüber ehrlich zu sein. Vor allem könnte er uns zu diesem tiefen Vertrauen ermutigen, von dem der ganze Psalm getragen ist, dass Gott uns in unseren Grenzen und Abgründen sieht, erkennt, liebt und annimmt.

Mein Gebet hört Gott auch

An den Schluss möchte ich einen Text, ausgerechnet von Thomas Bernhard, stellen, dem großen enfant terrible der österreichischen Literatur. Er ist ein wunderbares Zeugnis dafür, wie auch heute der Glaube an Gott mitten in aller Angst Geborgenheit schenken kann.

Mein Gebet hört Gott auch.

Mein Gebet hört Gott auch
am Morgen im Kornfeld
wo der Wind die Kinder des Mittags sammelt
und die Entschlafenen
von ihren Gehirnen ausruhen
an der Mauer.
Gott hört mich
in der Finsternis des Regens
und auf den Wegen
bitterer Gräser und blanker Steine
über den Totenschädeln der Nacht
die in meinen Träumen zerschellen
aus Furcht.
Gott hört mich
in jedem Winkel der Welt.[6]

Literatur
• E. Zenger, Mit meinem Gott überspringe ich Mauern. Einführung in das Psalmenbuch, Freiburg 1987 (Ps 8 und Ps 13)

---

[6]   Thomas Bernhard, hora mortis (Insel Bücherei), © Insel Verlag, Berlin [5]1987

Die Zehn Gebote – Heute

Zur Entstehungsgeschichte des Dekalogs

Seit Kindertagen ist uns aus der Bibel die Erzählung vertraut, wie Gott seinem Volk am Sinai die Gebote gibt, unter Blitz und Donner und dem Schall der Posaunen. Diese Erzählung ist nach wie vor „wahr". Wahr nicht im vordergründigen, wörtlichen Sinn, dass das alles genauso gewesen sei. Wahr ist sie in einem tieferen Sinn: Die Zehn Gebote sind zwar von Menschen formuliert, aber diese Menschen sind überzeugt: Hier sind wir tatsächlich dem auf die Spur gekommen, was Gott – zu unserem Besten – von uns will.

Gegen ein vordergründiges wörtliches Verständnis dieser Erzählung gibt der jüdische Theologe Jakob Petuchowski zu bedenken: Die biblische Erzählung *„ist ein Versuch, etwas in menschliche Worte zu kleiden, was die Sprache der Menschen übersteigt. Wenn der unendliche Gott zum begrenzten Menschen spricht, kann nur die Sprache der Dichtung versuchen, den Sinn auszudrücken. Donner und Blitz vom Sinai, wie sie in der biblischen Erzählung vorkommen, sind ein durch die Generationen klingendes Echo dessen, was sich da abgespielt hat. Sie bezeugen den Tatbestand der Offenbarung und lassen die Wirkung erahnen, die sie auf das Volk hatte. Aber nur ein Mensch von prosaischer Mentalität und ohne Fantasie würde diese biblische Erzählung als Nachrichtenbericht lesen, der im Detail wiedergibt, was tatsächlich geschehen war."* [7]

Gott hat die Gebote den Menschen nicht einfach fix und fertig vom Himmel vor die Füße geworfen. Nein, gläubige Menschen haben nach Maßstäben für ihr Handeln gesucht, sie haben ihre Erfahrungen mit dem Leben gemacht, gute und schlechte. Solche jahrtausendelange

---

[7] Zitiert nach: Johannes Österreicher, Gott spricht zur Menschheit. Die universale Bedeutung des Dekalogs, in: Entschluss 3/1993, S. 4

Erfahrung, ein jahrhundertelanges Nachdenken und Suchen nach gültigen Maßstäben für menschliches Handeln und Verhalten hat sich in den Zehn Geboten niedergeschlagen. Und der Glaube Israels bekennt: Hier hat Gott uns finden lassen, was sein Wille ist, was wirklich gut für uns ist.

In Ägypten gibt es seit dem 16. Jh. v. Chr. die berühmten Totenbücher. Darin findet sich auch eine Darstellung des Totengerichts. Der Tote steht vor dem Gott Osiris. Dazwischen sieht man eine Waage. Auf der einen Waagschale liegt die Ma'at in Gestalt einer Feder. Das ägyptische Wort Ma'at bedeutet: Wahrheit, Gerechtigkeit, richtige Weltordnung. Auf der anderen Waagschale liegt das Herz des Toten. Der Tote trägt den 42 Richtern ein „negatives Schuldbekenntnis" vor. In einem der Totenbücher lautet es. *„Ich habe nicht geraubt, ich habe nicht gestohlen, ich habe keinen Menschen getötet, ich habe nicht die Frau eines anderen beschlafen, ich habe nicht gelogen, nicht geschimpft, ich habe nicht gestritten, nicht prozessiert, ich war nicht habgierig, ich habe niemanden belauscht."* Während der Tote auf diese Weise seine Unschuld beteuert, wird sein Herz gegen das Symbol der Ma'at abgewogen. Und mit jeder Lüge wird es schwerer und die Waage senkt sich zu seinen Ungunsten. Solche Totenbücher wurden den Toten mit ins Grab gegeben. Entweder hat man sie auf den Sarg gelegt oder mit in die Mumie eingewickelt. Sie wurden auf Papyrus geschrieben. Der konnte sich in dem trockenen Sand Ägyptens hervorragend halten, zumal in den Gräbern.

Wir finden hier im Alten Ägypten Weisungen, älter als die Bibel, die den Zehn Geboten sehr nahekommen. Ich habe nicht gestohlen ... Das sind nur einige Beispiele für den hohen Stand der ägyptischen Ethik. Solche ethischen Weisungen liegen natürlich den Zehn Geboten bereits voraus. Israel hat reichlich aus der altorientalischen Tradition geschöpft. Ethik erweist sich hier als international und allgemeingültig.

Wir finden im Alten Testament zwei verschiedene Textfassungen der Zehn Gebote: Ex 20,2-17 und Dtn 5,6-21. Die beiden Fassungen weichen – wir werden es noch sehen – in manchen Einzelheiten voneinander ab. Hinter beiden Textfassungen steht eine jahrhundertelange Vorgeschichte. Das sieht man nicht zuletzt daran, dass sehr verschiedenartige Bauelemente in den Zehn Geboten miteinander vermischt sind: 1. Mal spricht Gott in der ersten Person, dann wird über ihn in der dritten Person gesprochen. 2. Der Text ist eine Mischung aus Geboten und Verboten. 3. Die Länge und die sprachliche Gestaltung der einzelnen Elemente sind sehr unterschiedlich. 4. In den Zehn Geboten ist eine Reihe von sozialen Weisungen mit einer Reihe von Geboten verbunden, die das Gottesverhältnis betreffen. Wir sprechen von den „zwei Tafeln" des Dekalogs. Gerade diese Verbindung macht etwas Wichtiges deutlich: Religion und soziales Leben sind untrennbar miteinander verbunden. Glaube an Gott hat notwendig Konsequenzen für den zwischenmenschlichen Umgang miteinander.

Der Dekalog hat eine jahrhundertelange Entstehungsgeschichte. Israel hat lange daran gearbeitet. So bewahrt der Dekalog die Einsichten von vielen Generationen auf. Auch inhaltlich gibt es viele Hinweise auf eine spätere Entstehung: – Sklave/Sklavin – während des Wüstenaufenthalts gab es keine Sklaven – der Fremde in deinen Stadttoren – das Haus deines Nächsten – Rind und Esel – Begründung des Sabbatgebots mit der Schöpfungsruhe Gottes – alles Dinge, die an den Sinai noch nicht passen.

Die Zehn Gebote: Urkunde der Freiheit

Nach einem 1871 zum ersten Mal erschienenen und 1951 zum 17. Mal nachgedruckten Buch mit Katechesen für die unteren Klassen der katholischen Volksschule soll der Religionslehrer die Kinder mit folgenden Worten in die Zehn Gebote einführen:

„Unter Blitz und Donner hat Gott vom Berge Sinai gesprochen. Die Leute sind fast vergangen vor Angst. So haben sie sich gefürchtet. Aber gerade so hat Gott es haben wollen. Er hat zeigen wollen, was für ein starker, mächtiger, furchtbarer Gott er sei. Er hat allen Menschen zeigen wollen, dass sie ihn fürchten müssen. Darum hat Gott zuerst gesagt: ‚Ich bin der Herr, dein Gott'. Gott will sagen: Ich bin der Herr, ihr seid

119

meine Diener; ich kann befehlen, ihr müsst mir folgen. Alle Menschen müssen dem lieben Gott folgen, sie müssen das tun, was Gott in den Zehn Geboten sagt; sie müssen die Gebote halten. Das will Gott haben. Wenn die Menschen dem lieben Gott aber nicht folgen, wenn die Menschen die Gebote Gottes nicht halten, dann begehen sie eine Sünde, dann sündigen sie. Wer aber sündigt, wird von Gott gestraft, streng bestraft. Gott kann es; er ist ein mächtiger Herr und Gott: Der Blitz und der Donner folgen ihm. Blitz und Donner sagen uns: Fürchte Gott und sündige nicht, sonst wird Gott dich strafen!" [8]

Als ich diesen Text einmal vor Pfarrern vorlas, fragte ein Pfarrer nach dem Autor des entsprechenden Buches. Als er den Namen hörte, rief er aus: Danach haben wir in den 50er Jahren im Priesterseminar noch die Katechese gelernt!

Vielen von Ihnen ist der Wortlaut der Zehn Gebote noch so vertraut, wie er früher im Katechismus stand: „Ich bin der Herr, Dein Gott. Du sollst keine anderen Götter neben mir haben!" Und so stand er bis heute im Gotteslob (GL 1975: Nr. 61; neues GL: Nr. 29,6); dabei wäre auf der Seite im alten Gotteslob genügend Platz, den vollständigen biblischen Text zu bringen, denn der lautet so: *„Ich bin Jahwe, dein Gott, der ich dich herausgeführt habe aus Ägypten, aus dem Sklavenhaus. Du sollst für dich keine anderen Götter haben neben mir."* Im neuen Gotteslob steht dieser Text – endlich!

Merken Sie den Unterschied? Im ersten Satz erinnert der Dekalog an die befreiende Erfahrung Israels am Anfang seiner Geschichte: die Errettung aus der Sklaverei Ägyptens. Er erinnert an die Offenbarung des Gottesnamens Jahwe in der Dornbuschszene. Da ist in Ex 3,7 von einem Gott die Rede, der den Menschen hilfreich, nah und zugetan ist: *„Ich habe das Elend meines Volkes in Ägypten gesehen, und ihre laute Klage über ihre Antreiber habe ich gehört. Ich kenne ihr Leid."* Mehr noch, Gott offenbart seinen Namen, sein tiefstes

---

[8] aus: G. Mey, Vollständige Katechesen für die unteren Klassen der kath. Volksschule, Freiburg, 1. Aufl. 1871, 17. Aufl. 1951, 110f.

Wesen (Ex 3,14-15). Der Gottesname „Jahwe" bedeutet: Ich \
euch da. Das klingt wie der zärtliche Trost einer Mutter für ihr \
liches, weinendes Kind. Ich bin ja da ... Hab keine Angst!

Also nicht: Ich bin der Gott, der es zu sagen hat, dem du dich fügen musst, sondern: Ich bin der Gott, dessen Güte und Wohlwollen, dessen hilfreiche Nähe du schon in deiner Geschichte erfahren hast. Damit stehen die Zehn Gebote unter einem ganz positiven Vorzeichen. Man könnte sie geradezu als Urkunde der Freiheit bezeichnen. Ich habe dich in die Freiheit geführt – nun sieh zu, dass du nicht unversehens in neue Abhängigkeit, Unfreiheit, gar Sklaverei gerätst.

Das Halten der Gebote ist im biblischen Sinn nicht die Bedingung dafür, dass Gott gnädig ist: Wie oft haben wir sie in diesem Sinne missverstanden! Es ist vielmehr die menschliche Antwort darauf, dass Gott sich schon längst als gnädig erwiesen hat! Darum kann das Volk die Gebote einsehen und halten. Es kann einsehen, dass sie menschlich sind und gut, dass sie menschliche Gemeinschaft, menschliches Zusammenleben schützen.

Am Anfang steht nicht das „du sollst", sondern das „du bist". Entsprechend hat die spätere Theologie formuliert: agere sequitur esse (Das Handeln folgt dem Sein). Übrigens hat die Septuaginta (die griechische Übersetzung des AT, entstanden im 2. Jh. v. Chr.) und auch die Vulgata (die lateinische Bibelübersetzung, von Hieronymus um 400 n. Chr. geschaffen) nicht mit „du sollst", sondern mit „du wirst" übersetzt: Du wirst nicht morden, du wirst nicht die Ehe brechen – non occides – non moechaberis.

Die Gebote: Hilfreiche Wegweisung durch Gott

Israel hat die Gebote nie und nimmer als Last empfunden, sondern im Gegenteil als Hilfen und Wegweisung für gelingendes Leben. Das zeigen viele Äußerungen in den Psalmen.

Ein paar Beispiele: „*⁸ Die Weisung des Herrn ist vollkommen, sie erquickt den Menschen. Das Gesetz des Herrn ist verlässlich, den Unwissenden macht es weise. ⁹ Die Befehle des Herrn sind richtig, sie erfreuen das Herz; das Gebot des Herrn ist lauter, es erleuchtet die Augen*" (Ps 19,8-9). Der Psalm 119 ist nichts anderes als ein langer Lobgesang auf Gottes gute Weisung. Ein paar Verse daraus:

„*⁹⁷ Wie lieb ist mir deine Weisung;*
ich sinne über sie nach den ganzen Tag.
⁹⁸ Dein Gebot macht mich weiser als all meine Feinde;
denn immer ist es mir nahe.
⁹⁹ Ich wurde klüger als all meine Lehrer;
denn über deine Vorschriften sinne ich nach.
¹⁰⁰ Mehr Einsicht habe ich als die Alten;
denn ich beachte deine Befehle.
¹⁰¹ Von jedem bösen Weg halte ich meinen Fuß zurück;
denn ich will dein Wort befolgen.
¹⁰² Ich weiche nicht ab von deinen Entscheiden,
du hast mich ja selbst unterwiesen.
¹⁰³ Wie köstlich ist für meinen Gaumen deine Verheißung,
süßer als Honig für meinen Mund.
¹⁰⁴ Aus deinen Befehlen gewinne ich Einsicht,
darum hasse ich alle Pfade der Lüge.
¹⁰⁵ Dein Wort ist meinem Fuß eine Leuchte,
ein Licht für meine Pfade."
(Ps 119,97-105)

Die chassidische Tradition (eine religiöse Erweckungsbewegung im osteuropäischen Judentum im 18./19. Jahrhundert) hat diese Einsicht in einer kleinen Geschichte so ausgedrückt: „*Man fragte Rabbi Bunam: Es steht geschrieben: ‚Ich bin der Herr, dein Gott, der dich aus Ägypten führte'. Warum heißt es nicht: ‚Ich bin der Herr, dein Gott, der ich Himmel und Erde schuf'? Rabbi Bunam erklärte: ‚Himmel und Erde – dann hätte der Mensch gesagt: Das ist mir zu groß, da traue ich mich nicht hin'. Gott aber sprach zu ihm: Ich bin's, der ich dich aus dem Dreck geholt habe, nun komm heran und hör.*" [9]

9   aus: Martin Buber, Die Erzählungen der Chassidim, Zürich 1949, 761

Wir Menschen empfinden immer wieder den Zwiespalt zwischen dem, was wir sind, und dem, was wir sein sollen. Deshalb bleibt natürlich auch der Akzent „du sollst" berechtigt. Der befreiende Gott ist auch der gebietende Gott – doch bleibt die Reihenfolge wichtig!

Die einzelnen Gebote – heute gehört

Erstes Gebot: Gott oder Götzen?
(Ex 20,4–6; Dtn 5,7–10)

Beim 1. Gebot geht es keineswegs nur um Götzendienst im engeren Sinne. Immer wieder erlag Israel der Gefahr, der Faszination der heidnischen Kulte seiner Umwelt zu verfallen. So beklagt z. B. Hosea die Hinwendung offenbar breiter Kreise zum Baalskult (Hos 13,1-6). Baal, oft im Symbol des Stiers verehrt (vgl. Ex 32: Das goldene Kalb), war Garant der Fruchtbarkeit des Landes, Garant also von Reichtum und Wohlstand. Ähnlich beklagt Jer 2 den Abfall des Volkes zu fremden Göttern. Auch hier taucht wieder der Baal auf; wie in Hos 11 gilt die Zeit der Wüstenwanderung als die Zeit der ersten, frischen Liebe, die Israel verlassen hat. Jeremia lässt seinen Gott klagen: *„Mich hat es verlassen, den Quell des lebendigen Wassers, um sich Zisternen zu graben, Zisternen mit Rissen, die das Wasser nicht halten"* (Jer 2,13).

Hosea weiß um die große Gefahr, dass Menschen im Wohlstand ihren Gott vergessen: *„Als sie ihre Weide hatten, wurden sie satt. Als sie satt waren, wurde ihr Herz überheblich, darum vergaßen sie mich"* (Hos 13,6). Besonders eindrucksvoll ist dieser Gedanke in Dtn 8,7-18 formuliert, in der großen Abschiedsrede des Mose an sein Volk vor der Einwanderung in das verheißene Land. Da wird das Land in all seiner Fruchtbarkeit und Üppigkeit beschrieben, mit all seinen Früchten und Schätzen, dass einem fast das Wasser im Mund zusammenläuft. Und immer wieder ist in die Schilderung des Reichtums refrainartig die Mahnung eingefügt: Und wenn du das alles hast und gegessen hast und satt bist, dann vergiss nicht den Herrn, deinen Gott! Und einmal heißt es: *„Dann nimm dich in acht und denk nicht* *bei dir: Ich habe mir diesen Reichtum aus eigener Kraft und mit eigener Hand erworben. Denk vielmehr an den Herrn, deinen Gott: Er war es, der dir die Kraft gab, Reichtum zu erwerben"* (Dtn 8,17f).

Im Licht solcher Texte gewinnt das 1. Gebot eine unglaubliche Aktualität: Was sind die treibenden Kräfte unseres Lebens, unserer Gesellschaft – Profit, Wohlstand, Reichtum, die Börse oder der Gott, der Freiheit will für alle? Es warnt vor der gefährlichsten Versklavung, in die Menschen geraten können, indem sie sich an die Dinge, an die Macht, an die Sachzwänge verlieren.

Immer wieder schrecken uns heute Nachrichten auf, wie viele internationale Konzerne (gerade auch aus der Computer-Branche) im großen Stil Steuern hinterziehen. Und das ist wohl nur ein kleiner Ausschnitt aus diesen immer weiter um sich greifenden Straftatbeständen. Sie sind kaum in den Griff zu kriegen. Wir müssen uns schon fragen: Welchen Göttern dienen diese Leute? Ganz abgesehen davon, dass sie selber sich solche Fragen stellen sollten.

Was ist in unserem Leben die Hauptsache? Es ist die erste Katechismusfrage aus dem früheren Katechismus: Wozu sind wir auf Erden? Ich kann mich erinnern, dass auf dem Höhepunkt der Kubakrise, als die Welt am Rande eines Atomkrieges stand, der damalige amerikanische Verteidigungsminister McNamara gesagt hat: Die Welt steht vor einem atomaren Abgrund. Das heißt, dass Kennedy und Chruschtschow stets die erste Frage des Katechismus bedenken müssen: Was ist das Hauptziel des Menschen?

Das erste Gebot ist in die Welt des antiken Polytheismus hineingesprochen. Für die Völker der alten Welt gab es viele Mächte und Gewalten. Sie versetzten den Menschen in Staunen. Sie verlangten ihm Respekt ab, sie flößten ihm aber auch Angst und Schrecken ein, kurz: Sie erwiesen sich als göttliche Mächte, die Anerkennung, Ehrfurcht und Anbetung einforderten. Das Fremdgötterverbot erteilt einer solchen Haltung eine Absage. Dabei wird – genau genommen – noch vorausgesetzt, dass es diese anderen Götter „gibt". Aber sie sollen für den Angesprochenen keine Rolle mehr spielen, genau genommen, nicht mehr die Rolle Gottes spielen (L. Schwienhorst-Schönberger). An welche Mächte und Gewalten glauben wir heute? Welche Dinge stehen in unserem Leben heute an erster Stelle? Das erste Gebot bringt eine Klärung: Die Dinge des Lebens werden als das genommen, was sie sind, nicht mehr und nicht weniger.

Befremdlich klingt uns das biblische Reden von der „Eifersucht Gottes" in Ex 20,5. Da wird das Verhältnis Gottes zum Menschen in einem Bild aus dem zwischenmenschlichen Bereich gezeichnet: Gott ist so verliebt in sein Volk, dass er das Eindringen eines Dritten in diese Liebesbeziehung mit Israel nicht hinnehmen kann. Er ist eifersüchtig – wie es nur ein zutiefst Liebender sein kann! So engagiert sich Gott für die Menschen. Das ist natürlich ein gewagtes Bild, dessen Grenze wir sehen müssen. Es sagt positiv: Gott ist ein für uns Menschen engagierter Gott. Ihm ist es nicht gleichgültig, wie es Menschen ergeht. Ihm ist es nicht gleichgültig, wie Menschen auf das Angebot seiner Liebe antworten. Befremdlich klingt uns auch der Zusatz „*ein Gott, Schuld der Väter anrechnend bei den Söhnen, der dritten und vierten Generation, wo immer man mir feind ist*". Dahinter stehen natürlich reale menschliche Erfahrungen: wie sich Fehlverhalten und Unglück auf tragische Weise von einer Generation zur anderen fortsetzen können (klassisch beschrieben in Thornton Wilders Roman „Der achte Schöpfungstag"). Doch ist auch die spätere Relativierung aus Ez 18,2f. zu hören: „*Wie kommt ihr dazu, im Land Israel das Sprichwort zu gebrauchen: Die Väter essen saure Trauben, und den Söhnen werden die Zähne stumpf? So wahr ich lebe – Spruch Gottes, des Herrn –, keiner von euch in Israel soll mehr dieses Sprichwort gebrauchen*" (vgl. Jer 31,29).
Man könnte den Text Ex 20,5 auch anders lesen. Hier steht im hebräischen Text das Verb pakat. Seine Grundbedeutung ist „nachsehen, untersuchen, heimsuchen", nicht aber „strafen, bestrafen." Entsprechend versteht Christoph Dohmen unseren Text so: „*Ein Gott, Schuld der Väter prüfend bei den Söhnen, der dritten und vierten Generation, wo immer man mir feind ist, ein Gott, bewahrend den Tausenden (Generationen) Gunst, wo immer man mich liebt und meine Gebote beachtet.*" Hier wäre dann also vom göttlichen Übermaß der in seiner Vergebungsbereitschaft greifbaren Gnade die Rede.
Das Reden von der Eifersucht Gottes steht in einem Zusammenhang, der leider im katholischen Bereich nie so recht ernst genommen wor-

den ist: *„Du sollst dir kein Gottesbild machen und keine Darstellung von irgend etwas am Himmel droben, auf der Erde unten oder im Wasser unter der Erde"* (Ex 20,4; vgl Dtn 5,8). Dieses Bilderverbot wird in den reformierten Kirchen als eigenes Gebot gezählt! Die Zählung weicht dann bis zum 9. Gebot ab, das dort mit dem 10. Gebot zu einem zusammengezogen wird. Das Bedenken des Bilderverbotes täte uns gut! Gott bleibt immer größer als unsere Bilder, aber auch unsere Worte und Gedanken (samt den Dogmen!) es sagen können. Er ist der Unbegreifliche, der in „unzugänglichem Licht wohnt" (1 Tim 6,16). Das Bilderverbot mahnt uns zu größerer Bescheidenheit in unserem Bescheid-Wissen-Wollen von Gott.

Zweites Gebot: Den Namen Gottes nicht missbrauchen (Ex 20,7; Dtn 5,11)

Ich kann mich noch erinnern, in den Beichtspiegeln aus meiner Kinder- und Jugendzeit hier die Fragen gelesen zu haben: Habe ich geflucht? Habe ich heilige Namen nicht ehrfürchtig ausgesprochen? Martin Luther hat gespottet, hier forsche der Mensch nach „Puppensünden". Zu Recht!

In Wirklichkeit geht es hier um viel Ernsthafteres. Es geht darum, dass man sich zwar auf den Namen Gottes beruft – bei Gericht, beim Abschluss von Geschäften, bei Versprechen, bei einem Eid ... Man muss sich hier nur orientalische Verhältnisse vorstellen, mit all ihren wortreichen Beteuerungen. Aber man tut das, um sich Vorteile zu verschaffen, man täuscht den anderen, führt ihn hinters Licht. Eine solche Berufung auf Gott ist ein Missbrauch, sie richtet sich gegen den anderen, gegen dessen Interessen, gegen seine Freiheit. Das ist mit dem Missbrauch des Namens Gottes gemeint. Man beruft sich auf Gott – und es steckt der pure Eigennutz dahinter.

Und genau da wäre dieses Gebot heute höchst aktuell. Es ist ein Missbrauch des Namens Gottes, wenn wir uns zwar vollmundig auf Gott berufen und uns zu ihm bekennen, ohne dass wir im Leben daraus die Konsequenz ziehen. Diese uns Christen oft vorgeworfene Diskrepanz zwischen Reden und Tun: Da eröffnet sich ein weites Feld.

Dieses Gebot könnte sich aber auch gegen Versuche wenden, über Gott verfügen zu wollen. Wenn man etwa Gottes Namen zu magischen Zwecken missbraucht oder in seinem Namen Macht und Einfluss auf andere ausüben will.

Drittes Gebot: Den Sabbat heiligen
(Ex 20,8–11; Dtn 5,12–15)

Das hebräische Verb schabbat bedeutet aufhören, loslassen, unterbrechen. Bei diesem dritten Gebot weichen die beiden Textfassungen in Exodus und Deuteronomium in ihrer Begründung auffällig voneinander ab. Im Buch Exodus handelt es sich um ein „theologisch" begründetes Gebot, im Buch Deuteronomium um ein „sozial" begründetes. Das ist natürlich kein Widerspruch; es sind zwei Aspekte, die einander ergänzen.

In der Exodusfassung ist die Sabbatruhe ein Bekenntnis zum Schöpfergott, der den Menschen diese Welt als seine gute Welt schenkt. Der Sabbat ist der Tag, an dem Menschen ihr Leben – im Abstand von der alltäglichen Geschäftigkeit – feiern und genießen sollen. Der Sabbat soll zum Abstand von uns selber verhelfen, um frei zu sein für die Mitte, für Gott. Wenigstens an einem Tag der Woche sollen wir befreit sein vom Zwang zu Arbeit und Leistung. Solcher Abstand, solche Ruhe ist für uns Menschen lebensnotwendig! Ein Tag, an dem wir dem Diktat der Sachzwänge entkommen dürfen. Unser Lebenssinn ist nicht identisch mit unserer Leistung. Der Sabbat ist ein Tag heilsamer Unterbrechung.

In orientalischen Schöpfungsmythen wird erzählt, dass die Götter die Menschen schaffen, damit diese ihnen die Arbeit auf der Erde abnehmen. Sinn menschlichen Lebens ist hier die Arbeit! Ganz anders ist es in Gen 1f.: Die ganze Schöpfung mündet in den Sabbat. Sinn menschlichen Lebens ist es, dass der Mensch Gottes gute Schöpfung dankbar genießt und feiert.

Insofern stellt uns das Sabbatgebot die Frage, wie wir gemeinhin unseren Sonntag begehen, welchen Stellenwert die „Muße" in unserem

Leben hat. Ist der Sonntag für uns ein Tag für Fest und Gemeinschaft oder ein Tag, an dem wir uns auf andere Weise wieder in tausend Aktivitäten stürzen (müssen)?

Der Prophet Amos schildert in 8,4-7 auf eindrucksvolle Weise Menschen, die nur noch für ihre Geschäfte leben und mit der Muße des Sabbats offenbar nichts mehr anzufangen wissen. Amos spürt ganz deutlich: Da geht jede Menschlichkeit verloren. *„Hört dieses Wort, die ihr Schwachen verfolgt und die Armen im Land unterdrückt. Ihr sagt: Wann ist das Neumondfest vorbei? Wir wollen Getreide verkaufen. Und wann ist der Sabbat vorbei? Wir wollen den Kornspeicher öffnen, das Maß kleiner und den Preis größer machen und die Gewichte fälschen. Wir wollen mit Geld die Hilflosen kaufen, für ein paar Sandalen die Armen. Sogar den Abfall des Getreides machen wir zu Geld. Beim Stolz Jakobs hat der Herr geschworen: Keine ihrer Taten werde ich jemals vergessen"* (vgl. die Auslegung unter Amos, Seite 11-13).

In der Deuteronomium-Fassung wird besonders deutlich, wie sehr der Sabbat als eine Wohltat für den Menschen gedacht ist. Ganz bewusst werden auch die Sklaven und die Fremden an der Wohltat der Sabbatruhe beteiligt. Dtn fügt ausdrücklich hinzu: Denke daran: Du warst selber Sklave in Ägypten ... Wenigstens an diesem Tag gilt Gleichheit auch für den Sklaven! Es ist wohl kaum zu ermessen, welch eine Wohltat das Sabbatgebot in einer Gesellschaft gewesen ist, in der es keinen geregelten Urlaub und keine geregelte Freizeit gab. Nicht wie in einigen antiken Gesellschaften: Muße für „die da oben" – ununterbrochene Arbeit für „die da unten".

Viertes Gebot: Vater und Mutter ehren (Ex 20,12; Dtn 5,16)

Das Elterngebot nimmt eine hervorgehobene Stellung ein. Es ist das erste der sozialen Gebote und ist als einziges mit einer Heilsankündigung verknüpft. Bei diesem Gebot geht es nicht in erster Linie um den Gehorsam der Kinder und Jugendlichen gegenüber ihren Eltern.

Das Gebot richtet sich (wie übrigens alle anderen Gebote auch!) an die Erwachsenen. Es geht um das Verhältnis der erwachsenen Kinder zu ihren altgewordenen Eltern.

Ein Text aus dem Buch Jesus Sirach belegt das schlagend:

„² ... Der Herr hat den Kindern befohlen, ihren Vater zu ehren und die Söhne verpflichtet, das Recht ihrer Mutter zu achten. ... ⁵ Wer den Vater ehrt, wird Freude haben an den eigenen Kindern, und wenn er betet, wird er Erhörung finden. ⁶ Wer den Vater achtet, wird lange leben, und wer seiner Mutter Ehre erweist, der erweist sie dem Herrn. ... ¹² Mein Sohn, wenn dein Vater alt ist, nimm dich seiner an und betrübe ihn nicht, solange er lebt. ¹³ Wenn sein Verstand abnimmt, sieh es ihm nach, und beschäme ihn nicht in deiner Vollkraft! ... ¹⁶ Wie ein Gotteslästerer handelt, wer seinen Vater im Stich lässt, und von Gott ist verflucht, wer seine Mutter kränkt."
(Sir 3,2.5-6.12-13.16)

Übrigens findet sich in der 17. Sure des Koran ein ganz ähnlicher, feinfühliger Text: *„Und dein Herr hat bestimmt, dass ihr nur ihm dienen sollt, und dass man die Eltern gut behandeln soll. Wenn eines von ihnen oder beide bei dir ein hohes Alter erreichen, so sag nicht zu ihnen: „Pfui!", und fahre sie nicht an, sondern sprich zu ihnen ehrerbietige Worte, und senke für sie aus Barmherzigkeit den Flügel der Untergebenheit, und sag: Mein Herr, erbarme dich ihrer, wie sie mich aufgezogen haben, als ich klein war!"* (Sure 17,23f.)
Welch ein riesiges Problem die Behandlung der alten Menschen damals war, zeigt auch Spr 19,26: *„Wer den Vater misshandelt, die Mutter wegjagt, ist ein verkommener, schändlicher Sohn."* Auch Spr 28,24 macht die problematische Situation älterer Menschen deutlich: *„Wer Vater oder Mutter beraubt, und meint, er tue kein Unrecht, macht sich zum Genossen des Mörders."* Und auch die folgende Mahnung hält das Buch der Sprüche für notwendig: *„Ein Auge, das den Vater verspottet, und die alte Mutter verachtet, das hacken die Raben am Bach aus, die jungen Adler fressen es auf"* (Spr 30,17). Es war offensichtlich nötig, auf solche Fehlverhalten so drastisch hinzuweisen!

Es geht beim 4. Gebot um die alt gewordenen Menschen und die Ehre, die die jüngere Generation ihnen entgegenbringt – in unserer heutigen Gesellschaft ist das ein bedrängendes Problem! „Ehren": also nicht nur „Rundumsatt-Pflege", nicht nur Abwicklung äußerer Versorgung – Ehrerbietung! Und genau darum ist ja auch die Verheißung angefügt: Damit auch deine Tage lange währen auf dem Ackerboden, den Jahwe, dein Gott, dir gibt.

Es bleibt natürlich sinnvoll, dieses Gebot auch auf das Verhältnis der Kinder und Jugendlichen zu ihren Eltern zu beziehen – und umgekehrt! Drehen wir doch mal den Spieß um: Du sollst deine Kinder ehren ...

Fünftes Gebot: Du sollst nicht morden (Ex 20,13; Dtn 5,17)

Die Gebote fünf bis acht sind offensichtlich sehr alt. Die knappe Form und der gleiche Aufbau zeigen: Es sind alte Rechtssprichwörter, die auswendig gelernt wurden. Das fünfte Gebot ist treffend zu übersetzen: Du sollst nicht morden. In Num 35,20-30 werden kasuistisch einzelne Fälle aufgezählt: Wenn ... dann ... Das fünfte Gebot dagegen formuliert apodiktisch (keinen Widerspruch duldend): Du sollst nicht morden; sein Geltungsbereich bleibt offen, das Gebot appelliert an die Sensibilität des Gewissens. Zu diesem Gebot wäre eine Fülle von Themen anzusprechen, denn bei keinem der 10 Gebote stoßen wir auf so schwierige und oft schmerzliche Grenzfragen: Notwehr, Krieg, Wehrdienst, Selbstmord, Todesstrafe, Abtreibung, Euthanasie, Gefährdung des Lebens im Straßenverkehr, Biotechnologie, Tötung auf Verlangen ...

Das Gebot scheint in seiner Grundbedeutung selbstverständlich: Du sollst nicht morden. Man sollte meinen, auf dieses Minimum an Gemeinsamkeit müsse sich doch eine Gesellschaft einigen können, soll sie nicht ganz aus den Fugen geraten. Einem solchen Gebot müssten doch alle zustimmen können. Die Wirklichkeit sieht leider anders aus. Eine Welle zunehmender Gewalt geht über die ganze Erde. Menschen glauben sich berechtigt, über das Leben anderer verfügen zu dürfen, im Namen aller möglichen und unmöglichen Ideen. Hier ließe sich eine lange Liste entsetzlicher Zynismen nennen: Die Ermordung von Straßenkindern in Brasilien, von Indios, die dem Raubbau von Konzernen im Wege stehen, Terrorismus, Geiselnahme, Folter, 11. September ...

Das 5. Gebot setzt eine klare, unverrückbare Grenze: Du sollst nicht morden. Für dieses Verbot gibt die Bibel eine klare Begründung: „Denn nach seinem Bild hat Gott den Menschen gemacht" (nach Gen 9,6). Gen 9,5f.: „*⁵ Für das Leben des Menschen fordere ich Rechenschaft von jedem seiner Brüder. ⁶ Wer Menschenblut vergießt, dessen Blut wird durch Menschen vergossen. Denn: Als Abbild Gottes hat er den Menschen gemacht.*" Der Text fordert den unbedingten Schutz des Lebens!

Ich frage mich oft im Blick auf die sich immer weiter ausbreitende Gewalt, ob das Bewusstsein von der Würde und Unantastbarkeit des Menschen überhaupt zu retten ist ohne eine solche theologische Begründung. Die Heiligkeit und Unantastbarkeit des Lebens – das darf uns nicht abhandenkommen! Und wie schlimm, wenn sie ausgerechnet „religiös" motivierten Attentätern längst abhandengekommen ist!

Sechstes Gebot: Nicht die Ehe brechen (Ex 20,14; Dtn 5,18)

Wohl keines der Zehn Gebote steht so sehr gegen den Zeitgeist wie gerade dieses. Ehebruch: Wie oft erscheint er in Fernsehspielen oder Theaterstücken, in Romanen oder Witzen eher als amüsanter Seitensprung. Selbst der liebe Gott hat hier – bitteschön – recht nachsichtig zu sein: Wir sind ja alle kleine Sünderlein ... Die Zahl der Ehescheidungen ist in den letzten Jahren dramatisch angestiegen. Es lässt sich wohl kaum ermessen, wieviel an Enttäuschung und Bitterkeit gerade auch bei den betroffenen Kindern hinter den statistischen Zahlen steckt. Gegen all das spricht das 6. Gebot eine eindeutige Sprache: Du sollst nicht die Ehe brechen. So steht es da, ohne Wenn und Aber. Das Gebot schützt den Grundwert der Treue!

Dorothee Sölle schildert in einem ihrer Bücher ihre Erfahrung nach ihrer eigenen Scheidung: *„Sie war für mich die vollständige Zerstörung eines ersten Lebensentwurfs. Alles, worauf ich gebaut hatte, was ich gehofft, geglaubt und gewollt hatte, war vernichtet. Es ist wahrscheinlich eine ähnliche Erfahrung wie beim Tod eines geliebten Menschen, nur dass in der Geschichte einer Ehe und ihrer Trennung das Moment der Schuld notwendig eine größere Rolle spielt, und das Bewusstsein, etwas vergessen, versäumt und unwiderruflich falsch gemacht zu haben. ... Ich habe über drei Jahre gebraucht, nicht um damit „fertigzuwerden", sondern nur, um die mich ständig begleitenden Wunschphantasien des Selbstmords zu überwinden. Sterben wollen war die einzige Hoffnung, der einzige Gedanke. In dieser Situation ging ich einmal auf einer Reise durch Belgien in eine dieser spätgotischen Kirchen. Der Ausdruck „beten" kommt mir jetzt falsch vor; ich war ein einziger Schrei. Ich schrie um Hilfe ...."* [10]

Allerdings hilft uns hier ein finsterer Moralismus nicht weiter. Auf der einen Seite ist dieses Gebot im Grunde völlig plausibel. Es gibt ja nichts, wonach Menschen sich (nicht nur heute) so sehr sehnen als nach einer Beziehung, die bleibt und Bestand hat. Ich habe übrigens in meinen langen Jahren als Pfarrer bei den vielen Brautgesprächen nie etwas anderes erlebt. Alle, ohne jede Ausnahme, hatten diesen Wunsch: Ja, wir möchten zusammenbleiben, möchten es besser machen als die vielen anderen. Da war oft die ängstliche und bange Frage, ob es wohl zu schaffen sei, aber die Sehnsucht nach dem Bestand der Liebe – sie war bei allen da. Dieses Gebot entspricht den tiefsten Wünschen, der innersten Sehnsucht des Menschen. Nähmen wir es ernster, könnte es vielleicht manche davor bewahren, zu früh aufzugeben, zu früh zu resignieren und zu sagen, es habe ja doch keinen Zweck mehr miteinander. Übrigens würde es viel helfen, wenn manche Partner ihre Schwierigkeiten miteinander nicht sorgsam vor allen anderen verbergen, sondern offen mit Freunden oder Personen ihres Vertrauens darüber reden würden!

---

[10]   aus: Dorothee Sölle, Die Hinreise. Zur religiösen Erfahrung – Texte und Überlegungen, © Kreuz Verlag in der Herder GmbH, Freiburg i.Br., 1997, S. 42f.

Doch vor einer rigorosen Verurteilung müssen wir uns hüten. Hier haben wir auch als Kirche noch vieles aufzuarbeiten. Das Problem der vielen Geschiedenen, die wieder geheiratet haben und ihre Behandlung durch die „offizielle" (welch schreckliches Wort!) Kirche ist nach wie vor ungelöst – zum Schaden der Betroffenen, zum Schaden der Kirche. Gerade bei diesem Gebot müssten wir durch unser kirchliches Handeln deutlich machen, dass es den Zehn Geboten nicht darum geht, menschliches Leben durch Verbote zu reglementieren und einzuschränken. Gerade beim 6. Gebot wird das sehr deutlich. Hier geht es um das Gelingen der Liebe, um das Gelingen der Ehe, um das Glück der Menschen – um nichts sonst! Das Gebot schützt den Grundwert der Treue. In allen Jugendumfragen der letzten Jahre stand bei der Frage nach den angestrebten Werten die Treue ganz vorn – mit steigender Tendenz!

Siebtes Gebot: Das Eigentum achten (Ex 20,15; Dtn 5,19)

Das 7. Gebot schützt das Eigentum des anderen. Er hat es sich hart erarbeitet. Es ist oft ein Stück seines eigenen Lebens, an dem er hängt. Der Mensch darf nicht zerstören, was ein anderer sich unter Mühen aufgebaut hat. Es geht letztlich um den Respekt vor dem Mitmenschen und seiner Lebensleistung! Beim 7. Gebot sind heute ganz sicher die vielen modernen Formen des Stehlens zu bedenken, von der Wirtschaftskriminalität bis zum Versicherungsbetrug. Modernstes Beispiel: die Vernichtung von Geld auf dem Aktien-und Kapitalmarkt. Der Prophet Jesaja nennt in 1,23 die führenden Kreise im damaligen Jerusalem eine „Bande von Dieben", weil sie ihre politische Stellung als Selbstbedienungsladen missbrauchen. Auch in 5,8-14 wird die verantwortungslose Einstellung der führenden Kreise Jerusalems und ihre Dolce Vita aufs Schärfste gegeißelt:

> *[8] Weh euch, die ihr Haus an Haus reiht und Feld an Feld fügt, bis kein Platz mehr da ist und ihr allein im Land ansässig seid. [9] Meine Ohren hören das Wort des Herrn der Heere: Wahrhaftig, alle eure Häuser sollen veröden. So groß und schön sie auch sind:*

Sie sollen unbewohnt sein. [10] *Ein Weinberg von zehn Morgen bringt nur ein Bat Wein, ein Hómer Saatgut bringt nur ein Efa Korn.* [11] *Weh euch, die ihr schon früh am Morgen hinter dem Bier her seid und sitzen bleibt bis spät in die Nacht, wenn euch der Wein erhitzt.* [12] *Bei ihren Gelagen spielt man Zither und Harfe, Pauken und Flöten; aber was der Herr tut, beachten sie nicht, was seine Hände vollbringen, sehen sie nicht.* [13] *Darum muss mein Volk in die Verbannung; denn es hat keine Erkenntnis. Seine Reichen sterben vor Hunger, die Masse der Arme verschmachtet vor Durst.* [14] *Darum sperrt die Unterwelt ihren Rachen auf, maßlos weit reißt sie ihr Maul auf, sodass des Volkes Pracht und Reichtum hinabfährt, der ganze lärmende johlende Haufen."*

Was für eine Sprache!

Ein befreundeter Rechtsanwalt erzählte mir neulich: Da kommt ein Mann in seine Praxis. Er hat mit seiner Urlaubsreise Pech gehabt. Er klagt gegen den Reiseveranstalter. Ein Jahr später steht der Mann schon wieder auf der Matte. Wieder ist etwas mit seiner Reise schiefgegangen. Der Rechtsanwalt sagt ganz verblüfft: „Sie sind aber ein Pechvogel!" Doch der Mann erwidert seelenruhig: „Damit finanziere ich jeweils meine nächste Reise ..." „Modernes" Stehlen!

Achtes Gebot: Nicht falsches Zeugnis geben (Ex 20,16; Dtn 5,20)

Das 8. Gebot hatte ursprünglich in der Bibel eine ganz spezielle Bedeutung. Es ging um die falsche Aussage vor Gericht. In der damaligen Zeit, in der das Gerichtswesen noch höchst unzulänglich war, konnte eine falsche Zeugenaussage das Leben des anderen geradezu vernichten. Durch die übereinstimmende Aussage von zwei Zeugen galt der Angeklagte als überführt – auch wenn es um ein Todesurteil ging (vgl. die falschen Zeugen im Prozess Jesu). Es geht bei diesem Gebot um die falsche Aussage, die die Existenz des anderen vernichten kann. Dieses Gebot schützt das Leben, die Ehre, die Würde des anderen, die man nicht leichtfertig aufs Spiel setzen oder zerstören darf.

Wenn man die positive Zielrichtung dieses Gebots weiterdenkt, verlangt es nicht nur, dass ich nicht lüge, dass ich keine falschen Gerüchte über andere in die Welt setze oder verbreite. Es gibt auch die vernichtende Wahrheit, die die Ehre des anderen zerstören kann. Bestimmte Dinge, die ich erfahre, muss ich für mich behalten können, z. B. Dinge, die mir jemand anvertraut, oder Dinge, die die Ehre des anderen beeinträchtigen und gefährden. Man muss nicht alles weitererzählen, was man weiß – und man darf es nicht, selbst, wenn es wahr ist! Man nennt das Diskretion, Verschwiegenheit, eine Tugend, die in unserer geschwätzigen Gesellschaft ganz selten geworden ist. Es geht bei diesem Gebot nicht bloß um die Problematik Wahrheit und Lüge. Es geht vor allem um die Ehre des Nächsten.

Ich habe mal bei einem Vortrag über die Zehn Gebote auf einer Tagung die berühmte Geschichte von den drei Sieben erzählt. Die geht so: *„Zu Sokrates, dem alten griechischen Philosophen, kommt eines Tages ganz aufgeregt jemand gelaufen: Du, Sokrates, hast du schon gehört wie dein Bekannter ... Da fällt ihm Sokrates ins Wort: Halt, halt, was willst du mir da erzählen. Hast du es schon durch die drei Siebe geschüttelt? Der andere ganz erstaunt: Die drei Siebe, welche Siebe? Ja, sagt Sokrates, das erste Sieb ist das Sieb der Wahrheit. Hast du das, was du mir erzählen willst, geprüft, ob es wahr sei? Der andere: Das habe ich nun gerade nicht getan. Ich hörte es erzählen ... So, sagt Sokrates, dann lass uns das zweite Sieb ausprobieren. Es ist das Sieb der Güte. Ist das, was du mir erzählen willst, wenigstens gut? Nun, sagt der andere, gut ist es gerade nicht, im Gegenteil ... Aha, sagt Sokrates, dann lass uns auch noch das dritte Sieb ausprobieren. Es ist das Sieb der Notwendigkeit. Ist es denn so wichtig, dass ich's erfahre? Nun, sagt der andere, wichtig ist es gerade nicht ... So, sagt Sokrates, wenn das, was du mir da erzählen willst, weder gesicherte Wahrheit ist, und schon gar nicht gut, und wenn es gar nicht so wichtig ist, dass ich's erfahre, so wollen wir's begraben und wollen uns nicht weiter damit belasten.“* – Und nun kommt der Clou: Ein Jahr nach dieser Tagung sprach mich eine Bekannte an, die diese Geschichte offenbar sehr beeindruckt hatte. Sie sagte: Was hast du uns da für einen Unsinn erzählt! Wir haben das mit den drei Sieben in unserer Familie ausprobiert. Wir hatten uns nichts mehr zu sagen.

Auch ein kritisches Lesen und Zuschauen kann ein Dienst an der Wahrheit sein! Wie oft interessiert die Medien nicht die Wahrheit, sondern die Exklusivmeldung, nicht das Ereignis selbst, sondern sein Sensationswert. Hier wäre auch ein sehr kritischer Blick auf die Werbung angebracht, die oft nichts anderes ist als eine Aneinanderreihung von Desinformationen.

Das neunte und zehnte Gebot: Nicht begehren (Ex 20,17; Dtn 5,21)

Hier unterscheiden sich die beiden Fassungen der Zehn Gebote auffällig voneinander. Im Buch Exodus wird die Frau unter das Eigentum des Mannes gerechnet! Das ist dem Verfasser des Buches Deuteronomium schon aufgefallen. Er ändert den Text, stellt die Ehefrau an den Anfang und grenzt sie gegen das Eigentum dadurch ab, dass er ein anderes Tätigkeitswort wählt: verlangen, begehren.

Bei Ehebruch und Begehren spielen Gefühle und Leidenschaften eine wichtige Rolle. Sie können geradezu wie göttliche Mächte erfahren werden. Liebe (eros), Streit (eris) und Kampfeswut (ares) waren antike Götter! – Hören wir das einmal im Zusammenhang mit dem Fremdgötterverbot: Mögen Gefühle und Leidenschaften überwältigend sein – Götter sind sie nicht! (L. Schwienhorst-Schönberger)

Diese beiden Gebote enthalten eine wichtige Einsicht: Nicht erst die vollendete Tat ist gegen Gottes Willen, sondern schon das innere Begehren. Das Böse beginnt im Inneren des Menschen (vgl. Jesus in der Bergpredigt!). Doch geht es nicht nur um die innere Haltung. Du sollst nicht begehren – das entsprechende hebräische Wort „chamad" meint vor allem die tätigen Machenschaften, mit denen der Mensch sich den Besitz des anderen unrechtmäßig anzueignen sucht.

In der christlichen Tradition hat man das „Begehren" oft auf die sexuelle Begierde eingeengt. Das 10. Gebot zählt eine ganze Reihe von anderen Beispielen für das verderbliche „Begehren" auf: der Trieb nach Besitz, nach Macht, die Habgier. Hier weist die Bibel auf gefährliche Fehlhaltungen hin, die menschliches Glück und vor allem mitmenschliche Beziehungen gründlich zerstören können. In letzter Zeit häufen sich die Fälle von Wirtschaftskriminalität in unglaublichem Umfang! Die Haare stehen einem zu Berge, wenn man die Meldungen liest: Große Konsortien und EDV-Konzerne begehen Steuerhinterziehung in unglaublichem Ausmaß. Was auf diesen Feldern geschieht, schädigt die ganze Weltgemeinschaft in unglaublichem Umfang. Wie oft kommen die Verantwortlichen durch gute Rechtsanwälte an einer Strafe vorbei. Es ist schier unglaublich. Gerade die Mächtigen der Gesellschaft scheinen besonders gefährdet. Gerade sie, die es an sich nicht nötig hätten, sind anfällig für die verführerische Faszination von Besitz, Einfluss und Macht.

Eine volkstümliche Weisheit sagt: *„Das Gras auf der anderen Seite der Straße ist grüner."* Der Neid, der dem anderen sein (oft bescheidenes) Glück nicht gönnen kann, ist oft Thema der Bibel. Erinnert sei an die Geschichte von Kain und Abel (Gen 4), an die Geschichte von Nabots Weinberg (1 Kön 21), an die Geschichte von Davids Begehren (2 Sam 11).

Der Neid ist ein wichtiges Thema unseres privaten Lebens. Der neidische Mensch vergleicht sich mit dem anderen. Warum auch sollte man das nicht dürfen? Doch im Neid bekommt dieser Vergleich eine böse Färbung: nämlich durch den Verdacht, der andere sei bevorzugt, sei privilegiert, sei in jeder Hinsicht in ungerechtfertigtem Vorsprung. Ein solcher Neid, der dem anderen Besitz, Begabung oder Glück nicht gönnen kann, ist zerstörerisch, vor allem selbstzerstörerisch. Sich selbst mit seinen Grenzen annehmen lernen: Das ist wohl eine der wichtigsten Voraussetzungen für gelingendes Leben – und eine der schwersten!

Woher kommt dieses unstillbare Begehren, mehr haben oder sein zu wollen als andere? Erwarten wir am Ende von den Dingen, von Besitz und Macht, von Begabung und Können zu viel? *„Ich bin Jahwe, dein Gott, der dich aus Ägypten geführt hat, aus dem Sklavenhaus."* So begannen die Zehn Gebote. Versklaven wir uns etwa deshalb so an die Dinge, weil wir von ihnen die Stillung eines Hungers erwarten, den letztlich nur Gott stillen kann? Mit dieser Frage entlassen uns die Zehn Gebote.

Lassen Sie mich mit zwei Äußerungen aus der rabbinischen Tradition schließen.

Bevor Gott die Welt erschaffen hatte, sagte er: „Sollte Israel die Tora annehmen, gut und recht. Sollte es sie zurückweisen, werde ich die Welt zurücksinken lassen ins Chaos."

Als Israel in der Wüste wie aus einem Mund erklärte: „Alles, was der Herr uns befohlen hat, werden wir tun und befolgen" – ebenda verschwanden alles Leid, alle Krankheiten. Es gab weder Lahme noch Blinde, Stumme noch Taube, weder geistige noch körperliche Gebrechen.[11]

---

[11]   Aus: Johannes Österreicher, aaO. 9

Die Geschichte von Josef und seinen Brüdern (Gen 37–50)

Die Josefsgeschichte ist ein Höhepunkt alttestamentlicher Erzählkunst. Sie enthält viele historisch zutreffende Einzelbeobachtungen, vor allem aus Ägypten. Dennoch muss sie im Ganzen als eine weisheitlich ausgerichtete Erzählung verstanden werden. Sie stellt die Verbindung her zwischen der Geschichte der Väter und Mütter Israels und der Erzählung vom Auszug aus Ägypten. Das heißt natürlich nicht, dass diese Geschichte unwahr wäre. Wenn in Verdis La Traviata Violetta im dritten Akt am Schluss stirbt, hat sie kaum noch genug Luft zum Atmen. Aber sie hat genug Luft, eine große Arie zu singen! Was gäbe es Unechteres als das! Und doch ist manche Oper wahrer als jedes Reality-TV. So ist auch die Josefsgeschichte als eine literarische Geschichte eben im tiefsten „wahr" (J. Ebach, 35).

Genesis 37–40

Gen 37,1-4: Die Exposition

Diese vier Verse enthalten eine Menge Sprengstoff, der sich im Folgenden entladen wird. In dieser Familie gibt es viele Konflikte. Die alten Fehler in der Jakobssippe setzen sich fort. Jakob war der Lieblingssohn seiner Mutter, Esau der Lieblingssohn seines Vaters. Jetzt bevorzugt Jakob Josef, er schenkt ihm ein festliches Gewand, die Brüder reagieren auf die Bevorzugung des Jüngsten – wie könnte es anders sein? – mit Aggression und Hass. Schon die Exposition der Erzählung handelt von Hass, aber auch von Liebe, und davon, dass gerade ungleich verteilte Liebe Hass erzeugen kann.

Gen 37,5-11: Träume

Josef erscheint hier als ein sehr naiver junger Mann. Er träumt, zwei Mal. Was er träumt, geht später tatsächlich in Erfüllung. Die Brüder werden später in Ägypten Getreide besorgen und sich dabei vor Josef niederwerfen. Josef, in seiner naiven Unreife, erzählt die Träume gleich weiter. Er kann damit gar nichts anderes hervorrufen als den Hass der Brüder. Sein Vater schimpft mit ihm. Und sein Vater wird diese Sache nicht vergessen.

Gen 37,12-17: Meine Brüder suche ich

In Sichem hatte sich Jakob nach der Versöhnung mit seinem Bruder Esau niedergelassen (Gen 33,18f.). Der Vater schickt Josef los, um nach dem Wohlergehen (Schalom) seiner Brüder zu sehen. Er hat offensichtlich keine Ahnung, wie tief der Zwist sich schon in ihre Herzen eingegraben hat. Was zum Wohlergehen der Familie beitragen soll, wird sie noch mehr spalten. Dass die Geschichte am Ende gut ausgehen wird, wissen an dieser Stelle weder die Brüder noch Josef noch Jakob noch die Leser.

Josefs Hilflosigkeit und Verlorenheit werden dadurch charakterisiert, dass nicht er den Mann trifft, sondern der Mann ihn. „Meine Brüder suche ich". Damit ist im Grunde das Thema der ganzen folgenden Erzählung angegeben, ein Thema, das ihn ein Leben lang beschäftigen wird. Übrigens: In Sichem wird Josef seine letzte Ruhe finden (Jos 24,32).

Gen 37,18-30: Rohe Gewalt

Eine bestürzend kalte Erzählung ist das. Josef kommt überhaupt nicht zu Wort. Erst viel später wird in den Brüdern die Erinnerung aufkommen, wie sehr er um sein Leben gefleht hatte (42,21). Josef taucht am Horizont auf. Da fassen die Brüder den Beschluss, ihn umzubringen. Da kommt ja der „Meister der Träume" (so wörtlich). Ihre ganze Verachtung liegt in diesem Satz. Ruben und Juda machen verschiedene (voneinander unabhängige) Versuche, Josefs Leben zu retten. Ein Riss ist in die Brüderschar gekommen. Josef wird seiner Kleider beraubt. Dann wird er in eine leere Zisterne geworfen. Von den Gefühlen von Tätern und Opfer erfahren wir kein Wort. Die Brüder setzen sich zum Essen nieder, als wäre nichts. Während sie essen, sehen sie eine Karawane heranziehen. Juda schlägt vor, den Bruder zu verkaufen und sein Leben zu schonen. „Er ist ja unser Bruder". Sie verkaufen ihn um 20 Silberstücke. Josef entschwindet Richtung Ägypten. Ruben wird zwischendurch als nicht anwesend gedacht. Als er die Zisterne leer findet, reagiert er mit tiefen Emotionen. Er spricht von Josef liebevoll als dem „Kleinen".

Gen 37,31-36: Jakobs Trauer

Was jetzt geschieht, ist fast noch ungeheuerlicher. Die Täuschung des Vaters gelingt. Jakob sieht für sein Leben nur noch die Perspektive einer unendlichen Trauer, bis er zu seinem Sohn in die Unterwelt hinabsteigen wird. Im letzten Vers verkaufen die Midianiter (anfangs waren es Ismaeliter gewesen, zwei Quellen?) den Josef nach Ägypten an Potifar, einen Hofbeamten des Pharao.
Ein ungeheuerlicher Konflikt ist entstanden. Wie er sich lösen wird, ist jetzt noch nicht zu sehen. Das Kapitel 37 erinnert an die Schuld Jakobs an seinem Vater Isaak und seinem Bruder Esau (Gen 27). Man spürt in Kapitel 37 ein Nachbeben der alten Schuld und des daraus erwachsenen Leides. Gott wird in diesem Spiel mitspielen; ihm heißt es sich anzuvertrauen (H. Seebass). Für den Leser kommt durch den Verkauf Josefs an einen Hofbeamten des Pharao am Schluss des Kapitels jedenfalls in Sicht: Die Geschichte mit Josef wird weitergehen.

Gen 38: Die Familiengeschichte Judas

Juda verlässt seine Brüder und beginnt ein neues Leben. Die verwirrende Geschichte von Juda und Tamar scheint zunächst nicht in die Josefsgeschichte zu passen. Der Text wirkt wie eine Generalpause. Kapitel 39,1 wird genau an der Stelle einsetzen, an der 37,36 schließt. Dennoch passt die Erzählung in den Zusammenhang. Denn Juda, der viel später wieder mit seinen Brüdern vereint sein wird, er wird es sein, der sich für seinen Bruder Josef bis zur Selbstverpfändung einsetzt. Juda hat durch Tamar eine Lektion gelernt. Er wird fortan ein anderer sein. Das deutet sich schon darin an, dass er seinen Bruder nicht umbringen wollte, sondern ihn zu Geld machen. Natürlich ist auch der Verkauf in die Sklaverei ein schweres Verbrechen.

Gen 39,1-6: Josef im Hause Potifars – ein Aufstieg

Ein hoher ägyptischer Beamter, Potifar, kauft Josef als Sklaven. In seinem Haus erfährt Josef einen bemerkenswerten Aufstieg. Auch in Ägypten bleibt Josef nicht ohne den Beistand von Israels Gott. In nachexilischer Zeit hat zunehmend gegolten: Gott ist nicht nur der Gott Israels, er ist der Gott aller Völker. Von solcher Weltläufigkeit ist auch die Josefsgeschichte erfüllt. Der Ägypter schenkt Josef sein ganzes Vertrauen. V. 6: *„Er ließ seinen ganzen Besitz in Josefs Hand und kümmerte sich, wenn Josef da war, um nichts als nur um sein Essen. Josef war schön von Gestalt und Aussehen."* Übrigens werden im Alten Testament nur Josef und David mit einer solchen Aussage bedacht. Beide sind nicht die Ältesten, beide werden bevorzugt.

Gen 39,7-20: Verleumdung und tiefer Fall

Die Herrin des Hauses findet Gefallen an dem schönen jungen Mann. Sie versucht ihn zu verführen. Josef verweigert sich. Er fühlt sich Potifar gegenüber zur Loyalität verpflichtet. Aber genau der so geachtete Herr wird es sein, der Josef ins Gefängnis wirft. Und Josef schweigt. Wiederum ist es die Kleidung, die Josef zum Verhängnis wird. Die Frau hat Josefs Kleid in ihrer Hand. Sie dreht das Geschehen um und will selber das Opfer eines sexuellen Übergriffs sein. Potifars Frau spricht gegenüber dem Personal: „Seht nur, er hat uns einen Hebräer ins Haus gebracht." Sie formuliert einen Vorwurf an ihren Mann, der ihn uns „hergebracht" habe. Josef kommt ins Gefängnis. Er ist wieder ganz unten. Über die Frau wird eigentlich nichts gesagt, ob sie z. B. schön war. Sie hat Josef in der Hand, so meint sie jedenfalls. Aber genau das nimmt Josef ihr aus der Hand, denn er stellt das ihm gewährte Vertrauen des Hausherrn über ihre Möglichkeiten zur Erpressung. Er zeigt sich ihr gewachsen (H. Seebass).

Ihr Mann hört Josef nicht einmal an, um, von der Frau berechnet, den großen Skandal zu vermeiden. Und damit verschwindet die Frau aus dem Blickfeld. Josef ist seinem Herrn gegenüber loyal gewesen. In seiner jahrelangen Abstiegs- und Aufstiegsgeschichte hat sich ein Charakter geformt, der dann später die großen Worte 50,20f. sagen kann: *„Ihr habt Böses gegen mich im Sinn gehabt, Gott aber hatte dabei Gutes im Sinn, um ... viel Volk am Leben zu erhalten. Nun also fürchtet euch nicht! Ich will für euch und eure Kinder sorgen. So tröstete er sie und redete ihnen freundlich zu."*

Gen 39,21-23: Josef im Gefängnis

In jedem Unglück Josefs steckt bereits der Keim zum Glück. Josef gewinnt im Gefängnis eine Stellung, die bis in die Formulierung hinein der gleicht, die er im Haus Potifars hatte.

Gen 40,1-23: Träume im Gefängnis

Der königliche Mundschenk und der Oberbäcker träumen jeweils zwei Träume. Bei den Träumen Josefs waren es auch zwei Träume gewesen. Bei den Träumen des Pharao wird es später genau so sein. Josef vermag die Träume zu deuten. Es trifft alles so ein, wie Josef es vorhergesehen hat. Josef richtet an den Mundschenk eine Bitte: *„Doch denk an mich, wenn es dir gut geht. Tu mir dann einen Gefallen: Erzähl dem Pharao von mir, und hol mich aus diesem Haus heraus!"* (V. 14). Aber am Schluss hat der Mundschenk Josef vergessen. Josef bleibt im Loch. Immerhin zwei Jahre lang.

Genesis 41–45

Gen 41,1-36: Pharaos Träume und ihre Deutung

Gen 41,1–42,38 bildet einen einzigen Erzählzusammenhang. Das „Siehe" ist im Hebräischen ein wichtiges Textsignal; es ist in der Einheitsübersetzung fast immer weggelassen. Es will auf Neues, Unerwartbares aufmerksam machen: „Siehe, er stand am Nilufer." Der erste Traum des Pharao entfaltet eine ägyptische Szenerie. Der zweite Traum von den Ähren schließt an den ersten der Träume Josefs an. Obwohl es sich um Traumbilder handelt, wird das Gemüt des Pharao erregt. Die Traumbilder verheißen keine gute Botschaft. Die Experten in Ägypten können die Träume nicht deuten. Da endlich erinnert sich der Mundschenk der gleichen Situation, die er selber erlebt hatte, und bringt Josef ins Spiel. Nun endlich kommt Josef aus dem Gefängnis heraus und steht frisch rasiert und in neuen Kleidern vor dem Pharao. Josef lässt sich von dem vermutlich ungeheuren Ritual nicht verwirren, das um den Pharao abläuft. Er reagiert klug und souverän.

Der Pharao gibt die Träume noch ärger wieder, als sie waren. In Josefs Deutung erscheinen die zwei Träume als im Grunde ein und derselbe Traum. Beide Träume sagen: Es folgen sieben Jahre des Überflusses und dann folgen sieben Jahre des Hungers. Josef schlägt Vorsorgemaßnahmen vor. „Der Pharao möge handeln" (41,34). Der Pharao hat Verantwortung für viele Menschen zu übernehmen. Auf Josefs Deutung folgen Vorschläge für die zu ergreifenden Maßnahmen. In den satten Jahren muss man Nahrung sammeln, damit sie in den Hungerjahren zur Verfügung steht. Dass die alljährliche Nil-Überschwemmung auch mal ausbleiben kann, ist in einem ägyptischen Text (angeblich) aus der Zeit des Pharao Djoser (2650–2600 v. Chr.) belegt; der Text stammt allerdings aus viel späterer Zeit.

„Ich bin sehr besorgt wegen denen, die im Palast sind. Mein Herz ist in großer Sorge über das Unglück, weil der Nil während der Dauer von sieben Jahren nicht gekommen ist. ... Es gibt wenig Feldfrüchte, es mangelt an Kräutern, es fehlt an allem Essbaren. Jedermann bestiehlt seinen Nächsten. ... Die Kinder weinen, die jungen Leute schlei-

chen einher. Der Sinn der Alten ist gebeugt, ihre Schenkel sind gelähmt, an der Erde sitzen sie. Die Hofleute sind ratlos. Die Vorratskammern wurden aufgemacht, aber ... alles, was dagewesen, war aufgezehrt."[12]

Gen 41,37-46: Josefs Erhöhung

Josef wird zum zweiten Mann Ägyptens. Der Pharao verleiht ihm einen ägyptischen Namen: Zafenat-Paneach, was heißen könnte: „Der Gott spricht: Er möge leben!" Und der Pharao gibt ihm Asenat, die Tochter Potiferas, des Priesters von On (Heliopolis), zur Frau. Potifera klingt natürlich an Potifar an. Josef wird mit der Tochter eines hohen ägyptischen Priesters verheiratet. Das ist natürlich für jüdische Ohren ganz schön anstößig. V. 38 heißt es wörtlich: Josef ist einer, „in dem der Geist Gottes wohnt". Er wird am Hof des Pharao in die gleiche Funktion eingesetzt, die er bereits im Hause Potifars wahrgenommen hatte. Der Pharao übergibt ihm seinen Siegelring (V. 42). So wird Josef bevollmächtigt, mit der Unterschrift des Königs Dokumente zu beglaubigen. Im selben Vers wird er mit Leinengewändern bekleidet. Das weist zurück auf Josefs erstes Ehrenkleid.

Dass Josef einen ägyptischen Namen bekommt, hat noch eine andere Bedeutung: Wenn die Brüder nach Ägypten kommen, werden sie den Namen Josef nicht zu hören kriegen. Übrigens findet sich in 41,46 zum ersten Mal wieder eine Altersangabe: Josef war 30 Jahre alt, als er vor dem Pharao stand. In 37,2, am Anfang der Geschichte, wurde er als 17-jähriger bezeichnet. Es sind also 13 Jahre vergangen. Das ist wohl ein bisschen viel. Aber diese 13 Jahre waren notwendig, um die Ereignisse von Gen 38 zeitlich unterbringen zu können und Judas Rückkehr zur Familie plausibel zu machen.

---

[12]   aus: Th. Staubli, Begleiter durch das Erste Testament, Düsseldorf 1997,163

Gen 41,47-57: Die satten Jahre, zwei Söhne und der kommende Hunger

Josefs Leidens- und Aufstiegsgeschichte ist mit Kapitel 41 zu einem glänzenden, märchenhaften Abschluss gekommen. Man sollte diese märchenhaften Züge stehen lassen. Man sollte auch nicht fragen, was denn im damaligen Ägypten wirklich möglich war. Das würde der Erzählung ihren wunderbaren Glanz rauben. Genau diesen Glanz sollte man belassen!

Josefs Deutung der Träume des Pharao erfüllt sich sofort. Es kommen sieben satte Jahre, wo man erntet „händevoll". Die Getreidemengen werden bei ihrer Speicherung registriert. Dass man damit aufhören musste, weil es keine Zahl mehr für diese Menge gab, hängt mit den antiken Zahlensystemen zusammen.

Noch in den ersten sieben satten Jahren werden Josef zwei Söhne geboren. Seinen Erstgeborenen nennt Josef Manasse („Vergessling"). *„Gott hat mich all meine Sorge und mein ganzes Vaterhaus vergessen lassen"* (V. 51). Den zweiten Sohn nennt er Efraim („Fruchtbringer"). *„Gott hat mich fruchtbar werden lassen im Lande meines Elends"* (V. 52). In diesen Namen wird ein erstes Element der späteren Aussöhnung oder besser Aufarbeitung sichtbar. Josef konnte die Mühsal seines bisherigen Lebens hinter sich lassen – zumindest für einen Augenblick.

Es folgen die sieben mageren Jahre. Aber in Ägypten gibt es trotz der Missernten Brot. Dann aber öffnet sich das Kapitel für den Blick in die Welt. Der Hunger hatte alle Länder erfasst. Ägypten ist mit einem Wort von Herodot, „das Geschenk des Nils." Ungewöhnlich ist, dass auch die umliegenden Länder von den Hungerjahren betroffen sind. Ägypten bezog seine Fruchtbarkeit aus der jährlichen Nilüberschwemmung. Im „Fruchtbaren Halbmond", dem Lebensraum Israels, hing die Fruchtbarkeit vom ausreichenden Eintreffen des Winterregens ab.

Gen 42,1-5: Die erste Reise der Brüder Josefs

Der erste Satz dieses Kapitels bringt einen Szenenwechsel. Der Blick geht zurück nach Kanaan zu Jakob und seiner Familie. Er ist nach wie vor die Respektsperson der Großfamilie. Er schickt seine Söhne nach Ägypten, weil er gehört hat, dort gebe es Getreide. Übrigens war schon Abraham in Gen 12,10 wegen einer Hungersnot nach Ägypten gezogen. Die Brüder gehen zu zehnt nach Ägypten. Eine möglichst große Gruppe soll möglichst viel Getreide besorgen. Zehn Söhne: Das setzt voraus, dass auch Juda wieder dabei ist. Wie er wieder zu seiner Familie gestoßen ist, wird nirgendwo erzählt. Seinen jüngsten Sohn Benjamin hat Jakob nicht mitgeschickt. Er ist wie Josef ein Sohn der Lieblingsfrau Rachel. Dass ihn nur kein Unglück trifft – so begründet Jakob für sich, dass er Benjamin zurückhält. Und wieder bedenkt er nicht, wie das auf die Brüder wirken müsste. Die haben sich inzwischen wohl damit abgefunden ...

Gen 42,6-20: Druck auf die Brüder

Josef erkennt seine Brüder. Seine Brüder erkennen ihn nicht. Und Josef gibt sich nicht zu erkennen. Er setzt alles daran, sowohl Benjamin als auch Jakob nach Ägypten zu bringen. Verstünde man die Josefsgeschichte als historischen Bericht, wäre es mehr als unwahrscheinlich, dass eine kleine Gruppe kanaanäischer Bittsteller direkt auf den zum Vizekönig installierten Josef stieße. Doch die Josefsgeschichte ist kein historischer Bericht, sie enthält durchaus Märchenmotive. Und im Märchen trifft der Bettler auf den König.

Die Brüder werfen sich vor Josef auf die Erde nieder – ein Schlüsselmotiv aus den Josefsträumen! Josef beschuldigt die Zehn, sie seinen Spione – so ganz abwegig ist das nicht. Ägyptens Grenze war im Nordosten von einer Mauer beschützt; diese wurde schwer bewacht. Daraufhin berichten die Zehn mehr von sich. Dass eben der, der nicht mehr ist, vor ihnen sitzt, können sie nicht wissen. Josef gibt vor, die Aufrichtigkeit der Zehn müsse daran geprüft werden, ob sie ihren kleinsten Bruder herbeischaffen werden. Drei Tage werden sie in Haft genommen. Am Ende soll dann nur noch einer zurückbleiben, die Neun können eine viel größere Ladung des Getreides nach Hause bringen. Josef bietet eine Überlebenschance an. Und er begründet das so: Ich bin nämlich einer, der die Gottheit fürchtet.

Gen 42,21-28: Erinnerungen, Josefs Tränen, blankes Entsetzen

Die in Gen 37 geschilderten Ereignisse sind in Josef wieder wach geworden. Und auch in den Brüdern wird die Geschichte in Erinnerung gerufen. Sie erzählen etwas, was damals nicht geschildert wurde. Dass Josef um sein Leben flehte, und auch, dass Ruben sie vor der Verfehlung an dem Jungen gewarnt hatte. Die Tat ist in die Erinnerung der Brüder zurückgekehrt. 22 Jahre ist es her. Nun taucht sie unversehens wieder auf. Sie reden miteinander darüber, vielleicht zum ersten Mal, nach vielen Jahren des Verschweigens. Das klagende „ach ja" in V. 21 lässt für die Brüder das klagende Flehen Josefs mitschwingen. Erst als Opfer erkennen die Brüder wirklich, was sie als Täter getan haben. Die Brüder bekennen sich zu ihrer bleibenden, ihnen gegenwärtig gewordenen Schuld. Dass ihr Bruder Josef gehört und verstanden hat, war ihnen nicht bewusst.

Josef muss weinen. Er tut es heimlich. Vier Mal wird Josef in der Begegnung mit den Brüdern weinen. Er weint übrigens an keiner Stelle, an der ihm Böses angetan wird. Und Josef wendet sich zur Seite und unterdrückt es sofort. Es ist der erste Schritt von der Herrschaftsausübung zur Versöhnung. Josef lässt Simeon festnehmen und dann die Säcke der Brüder mit Korn füllen und das Geld in die Säcke zurücklegen. Warum? Wollte er wissen, ob seine Brüder nach Ägypten zurückkehren, um Simeon auszulösen, auch auf die Gefahr hin, dass sie des Betruges angezeigt würden? Am ersten Übernachtungsplatz öffnet einer von ihnen seinen Sack und findet oben auf sein Geld. Sie fühlen sich gänzlich ausgeliefert, vielleicht eher einer hintergründigen Macht. Darum sagen sie: Was hat Gott uns da angetan?

Gen 42,29-38: Bericht vor dem Vater, Jakobs Klage und Rubens Angebot

Die Brüder erzählen ihrem Vater von dem Ansinnen des ägyptischen Machthabers, Benjamin zu sehen. Und jetzt erst finden alle ihr Geld wieder und sie bekommen Angst. Jetzt erst recht verfügt Jakob: Benjamin darf nicht mitgehen. Ja, er antwortet mit unverhohlenen Vorwürfen. Jedenfalls: Er will unter keinen Umständen, dass sich bei Benjamin wiederholt, was mit Josef geschah. Noch einmal stellt er die Söhne der Rachel über seine anderen Söhne und kränkt sie ein weiteres Mal. Der Vater bleibt derselbe. Damit es weitergehen kann, müssen die Brüder andere werden.

Am Ende wird der Weg Josefs zum Überleben eines ganzen Volkes beitragen. Damit dieses Ende möglich wird, muss sich noch viel ändern – bei Josef, bei den Brüdern, beim Vater Jakob. Am Ende wird nicht alles eitel Sonnenschein sein. Die Schuld und ihre Narben bleiben. Noch lange. Aber es wird möglich werden, miteinander zu leben und einander zu unterstützen. Das ist nicht nur für einst verfeindete Geschwister ein schönes und zugleich ein bescheidenes und mögliches Ziel. Der Schluss des Kapitels bleibt offen. Aber der Leser spürt: Des Vaters Nein kann nicht das letzte Wort bleiben.

Gen 43,1-14: Erneut nach Ägypten

Jakob ringt sich zur Erlaubnis durch, Benjamin mitziehen zu lassen. Doch zunächst macht er den Brüdern abermals bittere Vorwürfe: Warum habt ihr dem Mann in Ägypten so viel von uns erzählt? Was hilft, ist der Einsatz Judas. Juda verbürgt sich mit seiner eigenen Person für Benjamin. Das ist die für die ganze Geschichte entscheidende Wendung Judas. Zwischen dem Juda von Kapitel 37, der seinen Bruder verkaufen will, und dem Juda von Kapitel 43f., der sich mit der eigenen Existenz für seinen Bruder verpfändet, steht die Erfahrung Judas von Gen 38. Er hat damals gelernt, dass er selber für die ganze Familie in der Pflicht steht.

Juda drängt zum Aufbruch. Jakob willigt schließlich ein. Aber wenn es denn so sein muss, dann sollen sie dem ägyptischen Mann von den besten Erträgnissen ihres Landes ein Geschenk bringen. Und sie sollen ihm den doppelten Geldbetrag zahlen. Jakob entlässt sie mit einem Reisesegen. Es geht um Segen oder Vernichtung, um Leben oder Tod.

Gen 43,15-34: Ankunft in Ägypten

Eine erste Änderung im Verhalten der Brüder besteht darin, dass sie
dem Hausverwalter die Sache mit dem Geld „beichten". Und das geschieht im „wir". Das erste Wort des Hausverwalters ist „Schalom". Die
Erzählung stellt sich offenbar einen Mann vor, der die hebräische Sprache beherrscht. Sie sind an diesem Ort gut aufgehoben. Zwischen uns
ist alles in Ordnung. Die dann folgende Auskunft erfolgt nicht ohne
Humor. Der Hausverwalter weiß ja, dass niemand anderer als Josef die
heimliche Rückerstattung des Geldes befohlen hatte. Aber er verweist
auf Gott als Urheber. Es kommt zu einem gemeinsamen Essen mit
Josef, mit offenbar erheblichen Mengen an Alkohol. Josefs Anrede
Benjamins als „mein Sohn" ist auf der Ebene des Rollenspiels, das Josef
spielt, die Anrede eines höhergestellten Älteren an einen Jüngeren.
Aber dann fällt es ihm schwer, seine Rolle durchzuhalten. Ein weiteres Mal verbirgt er die Tränen vor den Brüdern. Noch einmal kann er
sich beherrschen. Die Sitzordnung der Brüder folgt ihrem jeweiligen
Alter. Die Brüder verfallen in beeindrucktes Staunen. Sie sitzen nach
ihrem Altersrang. Josef reiht sich nicht ein, sondern sitzt ihnen gegenüber.
Diese Sitzordnung demonstriert immer noch den Riss, den ihr Handeln an ihrem Bruder hervorgerufen hatte. Das Kapitel endet durchaus berauscht. Doch die Ernüchterung lässt nicht lange auf sich
warten.

Gen 44,1-13: Die Brüder in der Falle

Schon in den Versen 1-3 stockt den Lesern der Atem. Man spürt: Hier
braut sich etwas zusammen. Der silberne Becher in Benjamins Gepäck!
Die Brüder brechen im Licht des Morgens auf. Josefs Verwalter findet,
was er gar nicht suchen muss, denn er weiß, wo es ist. Auf dem Prüf-
stand steht nun die Solidarität der Brüder. Der Hausverwalter durch-
sucht die Säcke. Die Brüder werden von Mal zu Mal beruhigter sein. Die
Lesenden allerdings wissen, was das auf diese Weise noch einmal dra-
maturgisch effektvoll vorbereitete böse Ende sein wird.

Wie aber ist bei all dem Josefs Rolle zu sehen? Ist das nicht ein ausgesprochenes Schurkenstück, welches Josef hier mit seinen Brüdern, vor allem mit Benjamin treibt? Die Lerngeschichte der Brüder wird auch zu einer Lerngeschichte Josefs werden müssen.

Gen 44,14-34: Judas große Rede

Diese Rede bringt die Wende! Sie ist übrigens die längste Rede eines Menschen nicht nur in der Josefsgeschichte, sondern überhaupt in der Genesis. Das Wort Vater kommt in der Rede 14-mal vor.

Juda sagt im ersten Teil seiner Rede: *„Gott hat die Schuld deiner Knechte ans Licht gebracht"* (V. 16). Damit meint er ja nicht nur den Diebstahl des Bechers. Diese Schuld betrifft ihn und alle Brüder – und wenn einen nicht, dann gerade Benjamin. Josef dekretiert: Zieht wohlbehalten zu eurem Vater! Der, bei dem der Becher gefunden wurde, soll mein Sklave sein. Für Juda und seine Brüder enthält Josefs Urteil eine riesige Verführung. Aber sie erliegen ihr nicht. Juda denkt in seiner großen Rede an Benjamin und mehr noch an den Vater. Er spricht in höflichem, ja unterwürfigem Ton. Und doch ist es keine unterwürfige Rede. In der Formulierung „du bist ja wie Pharao" (V. 18) steckt sowohl der höchstmögliche Respekt als auch die Bekundung des Mutes, vor einem so hochstehenden Menschen das Wort zu ergreifen. Juda lässt in seiner Rede die Welt von Betrug und Verrat, in der er und seine Brüder gelebt hatten, vollständig hinter sich. Juda spricht von Benjamin. Zwar weiß er das Wichtigste noch nicht. Die veränderte Haltung Judas kommt in einer kleinen Bemerkung heraus über die Beziehung des Vaters zum Sohn seines Greisenalters. *„Sein Vater liebt ihn besonders"* (V. 20). Das lässt sich auf Benjamin wie auf Josef beziehen.

Die Josefsgeschichte ist keine griechische Tragödie. Menschen können handeln und Menschen können sich ändern. Dafür steht Juda, gerade an dieser Stelle. Juda wechselt vom „wir" zum „ich". Eindringlich verweist er auf seine persönliche Bürgschaft für Benjamin. An dieser Stelle ist in der Erzählung der Wendepunkt erreicht. Gleich im nächsten Vers (45,1) wird Josef sich seinen Brüdern zu erkennen geben. Juda hat dafür die Voraussetzung geschaffen. Aber auch Josef ändert sich. Die rückhaltlose Aufrichtigkeit Judas ist der Schlüssel dazu, dass Josef sein Spiel nicht weiterführen kann. Juda weiß, wann er „wir" und wann er „ich" sagen muss. Die Solidarität der ganzen Brüdergruppe und die ganz eigene und nicht delegierbare Verantwortung bilden die notwendigen Grundvoraussetzungen seines Einsatzes. Er steht ein für das, was geschehen ist (J. Ebach).

Josef hat nun endlich gehört, wie der Vater ihn geliebt und betrauert hat, er *„erkennt endlich auch die hilflose Liebe der Brüder zum Vater und sogar ihre Reue und die Last, die sie lähmt. Wie lange hat er den Vater nicht gesehen und war, wenn ihm auch alles gelang, doch immer allein in der Fremde! Nun endlich kann er einfach zusammenbrechen, mit einer letzten Aufwallung von Perfektionismus „alle Leute" – natürlich nicht die Brüder – hinausschicken und mit den Brüdern allein sein"* (J. Willi-Plein).

Gen 45,1-15: Josef weint zum dritten Mal und gibt sich zu erkennen

Die Aufrichtigkeit der Rede Judas lässt Josef die Beherrschung verlieren. Er musste sich nicht mehr selbst beherrschen, weil er die Brüder nicht mehr beherrschen wollte. Die zwölf Brüder sprechen nun endlich als Brüder miteinander. Wenn man allerdings die ganze Geschichte überblickt, werden sie das erst ganz am Schluss wieder tun, und auch dann nur im zweiten Anlauf (50,18-21). Der kühl agierende Amtsträger verwandelt sich in einen emotional reagierenden Menschen (J. Ebach).

Den Brüdern verschlägt es schier die Sprache. Josef muss seine Selbstvorstellung wiederholen. *„Ich bin Josef, euer Bruder, den ihr nach Ägypten verkauft habt."* Doch sogleich macht er deutlich: Er sieht in all dem Leid mehr als nur Niedertracht und verlorene Jahre. Zwei Mal betont Josef: *„Gott hat mich vor euch hergeschickt."* Was die Brüder nicht sagen dürfen, darf Josef sagen. Seine Worte entschuldigen die Brüder nicht. Aber das, was mit ihm geschah, deutet er als eine Fügung Gottes für andere. Am Ende umarmen sich Josef und die Brüder, zunächst und besonders Josef und Benjamin, sie weinen miteinander und reden miteinander.

Die Rede Josefs „ist 1. *darauf gerichtet, den Brüdern alle Angst zu nehmen, dass er sich jetzt rächen will, weil Gott überragend Gutes tat, und 2. wie Judas Rede ganz dem Gedenken an den Vater gewidmet. Durch den Auftrag, den Vater zu holen, beteiligt Joseph die Brüder an seinen Plänen und weckt umso mehr Vertrauen, weil die Brüder nun etwas für die Wiederherstellung des Vaterhauses tun können, das sie einst zerrüttet hatten. ... Was wäre antik die Gemeinschaft der Brüder ohne den Vater?*" (H. Seebass). Josefs Worte haben den Brüdern nicht ihre Schuld genommen, wohl aber haben sie der Schuld ihre destruktive Macht genommen. Den Brüdern gegenüber wird nichts vertuscht. Aber Josef bietet ihnen eine neue Sicht auf das Geschehen an, das nicht länger von Hass und Vergeltung bestimmt wird, sondern vom Willen zur Bewahrung des Lebens (R. Lux).

Gen 45,16-28: Rückkehr der Brüder und Jakobs Reaktion

Der Pharao lässt Josef eine Botschaft an die Brüder übermitteln. Sie enthält ein großzügiges Angebot an ihren Vater und somit an die ganze Familie zur Übersiedlung nach Ägypten. Die Szene beim Pharao gibt der ganzen Erzählung einen großen Glanz. Jakob kann die Nachricht, dass Josef noch am Leben ist, zunächst gar nicht glauben. Aber dann lebt sein Lebensgeist wieder auf. Jakob „*aber ließ sich nicht trösten und sagte: Ich will trauernd zu meinem Sohn in die Unterwelt hinabsteigen. So beweinte ihn sein Vater.*" So hatte es in Gen 37,35 geheißen. Nun kann Jakob sagen: „*Genug! Mein Sohn Josef lebt noch. Ich will hingehen und ihn sehen, bevor ich sterbe*" (45,28).

Der Abschluss der Josefsgeschichte (Gen 46,1-50,26)

Ab hier scheint die Josefsgeschichte viel weniger Zusammenhalt zu haben als bisher. Sie eilt nun nicht in schnellen Schritten ihrem Abschluss entgegen, sondern scheint an manchen Stellen wie zerdehnt zu sein (H. Seebass). Dennoch sind manche ihrer Stücke von größtem theologischen Gewicht und sollen kurz gewürdigt werden.

Jakob in Beerscheba (Gen 46,1-7)

Der Ort Beerscheba spielt in der Abrahamsgeschichte eine wichtige Rolle (Gen 21,22-33; 22,19). Sein Sohn Isaak wird in Beerscheba eine Gotteserscheinung haben und einen Altar bauen (Gen 26,23-33). Nun wird Beerscheba für Jakob zu einem wichtigen Ort. Aus Beerscheba war er einst nach Haran geflüchtet, nachdem er seinen Vater Isaak und seinen Bruder Esau so schrecklich betrogen hatte (Gen 28,10), und dann folgt der große Traum von der Himmelsleiter. Gott hatte ihn dennoch nicht verlassen. Gott wird mit ihm sein, wohin er auch geht.

Nun hat er eine neue nächtliche Gotteserscheinung. Allerdings ist diese Vision eine Audition. Er hört die Stimme Gottes: *„Ich bin der El, der Gott deines Vaters. Fürchte dich nicht, nach Ägypten hinabzuziehen, denn zu einem großen Volk mache ich dich dort"* (46,3). Zweierlei ist hier wichtig: Jakob bringt ein Schlachtopfer dar; das war mit einem Gemeinschaftsmahl verbunden. Die Gruppe, die mit ihm nach Ägypten zieht, erfährt darin eine intensive Verbindung mit Gott und miteinander. In Ägypten soll Jakob zu einem großen Volk werden und Gott wird es auch wieder herausführen. Ausgerechnet im fremden Gebiet der Großmacht Ägypten soll er zum großen Volk werden, das scheint fast absurd. Das ist so unerwartet, dass am Anfang Gottes Ermutigung steht: „Fürchte dich nicht!" (H. Seebass). Vers 6f. erzählt dann, wie die Jakobssippe samt ihren Herden nach Ägypten aufbricht. **Gen 46,8-27** enthält eine Namensliste der nach Ägypten Ausgewanderten, die wir hier übergehen können.

Gen 46,28-34: Josef sieht den Vater wieder

So emotional die Szene geschildert ist, so knapp ist sie auch. Die entscheidende Begegnung zwischen Josef und Jakob wird erst in 47,27-48,22 erzählt werden. Der Leser hat schon lange auf diese Wiederbegegnung gewartet. Josef fällt dem alten Vater um den Hals und weint lange. Bewegend, wie der Vater in der größten Freude über das Wiedersehen mit Josef von seinem Tod spricht. Allerdings: Aus dem „nur noch sterben Wollen" (Gen 37,35) ist ein „jetzt sterben Können" geworden (J. Ebach). Jakob wird noch 17 Jahre in Ägypten leben. Nun kann er dem Tod getrost ins Auge blicken, seit er den lebenden Josef gesehen hat.

In 46,31-34 arrangiert Josef die Zustimmung des Pharao. Die allerletzte Bemerkung in 46,34 allerdings lässt sich für Ägypten nicht nachweisen: „Denn die Ägypter haben gegen alle Viehhirten eine große Abneigung." Schön ist erzählt, wie Josef seine Brüder für ein bevorstehendes Gespräch mit dem Pharao zu coachen sucht.

Am Schluss wird erzählt, wie Josef seine Familie „im besten Teil des Landes" ansiedelt und seine Familie gut versorgt. Denn die Hungersnot dauert an.

Gen 47,1-12: Audienz beim Pharao – Jakob bewertet sein Leben

Jakob zeigt sich in dieser Szene erstaunlich souverän, indem er den Pharao segnet, statt vor ihm auf die Knie zu gehen. Mindestens ebenso erstaunlich ist, wie er, nach seinem Alter gefragt, eine bestürzend negative Lebensbilanz zieht.

Hat er den verlorenen Josef wirklich wiedergefunden? Ja und nein. Zwar lebt Josef und hat einen atemberaubenden Aufstieg erfahren. Doch Josef lebt in einer anderen Welt. Die Tragik der Josefsgeschichte ist in der Wiederbegegnung nicht in ein rundum glückliches Ende verwandelt. Es wird noch 17 Jahre dauern (Gen 47,28), bis Jakob seine Enkel Manasse und Efraim zum ersten Mal sieht (48,1-22). Eine glücklich vereinte Familie sieht anders aus (J. Ebach).

Gen 47,13-26 können wir hier übergehen. Denn hier ist ausschließlich von innerägyptischen Problemen die Rede. Das Verhältnis von Josef, seinem Vater, seinen Brüdern, ihre Versorgung in Ägypten, das alles verschwindet aus der Geschichte. Es taucht erst in V. 27 wieder auf. Leider ist gerade dieser Abschnitt des AT zu antisemitischer Propaganda missbraucht worden (Einzelheiten bei J. Ebach 506-508). In Wirklichkeit will der Text Israel einen Spiegel vorhalten. In Exodus 1 ist von der Zwangsarbeit der Israeliten in Ägypten die Rede. Das hat eine auffällige Parallele in 1 Kön 5,27-32, wo vom Frondienst die Rede ist, den König Salomo seinen Leute zugemutet hat. 1 Kön 9,15 greift das noch einmal auf. Ex 1,11-14 schildert, wie die Israeliten in Ägypten durch Fronvögte unter Druck gesetzt werden. Am brennenden Dornbusch, in Ex 3,7-10 wird deutlich, wie sehr Gott die Not der Menschen wahrnimmt und er beauftragt Mose, sie aus Ägypten zu führen. In Josefs Maßnahmen kommen die Steuern Salomos und der folgenden Machthaber in den Blick. Kritisiert wird jegliche Unterdrückung – bis heute.

Gen 47,27-31: Der letzte Wille Jakobs

V. 27 wirft einen Vorblick auf Ex 1,7: Sie waren fruchtbar und wurden sehr zahlreich. Jakob darf noch 17 Jahre in Ägypten leben – die gleiche Zeit, die Josef einst im Haus seines Vaters verbracht hatte (Gen 37,2). Nach 47,7.11-12 ist das die erste Begegnung, die Josef in Ägypten wieder mit seinem Vater hat, nach 17 Jahren! Josef lebt sein Leben am Hof, die Familie lebt ihr eigenes Leben. Es ist Pflicht des Sohnes, den Vater zu begraben. Jakob erbittet von Josef, dass er ihn in der Grabstätte seiner Väter im Land Israel begräbt. Gemeint ist die Höhle von Machpela (Gen 49,30). Zur Bekräftigung legt Josef seine Hand unter Jakobs Hüfte, wohl an sein Zeugungsglied. Er geht eine feierliche Verpflichtung ein. Und er leistet ihm einen Eid. V. 31b meint wohl eine tiefe Verneigung des alten Jakob vor seinem Sohn. Vielleicht eine späte Erfüllung des Josefstraums - und zugleich seine Korrektur.

Gen 48,1-22: Jakob „adoptiert" und segnet Efraim und Manasse

Der Text beginnt mit einer Verdoppelung des Besuchs Josefs bei Jakob. Kapitel 48 wie auch 49 gehören wohl zunächst nicht zur ursprünglichen Josefsgeschichte dazu. 48,8 scheint anzudeuten, dass Jakob die Söhne Josefs zum ersten Mal sieht. Josefs Frau bleibt völlig unerwähnt. Offensichtlich lebt Josef in der Sicht des Erzählers weit weg am Hof. In V. 11 steht ein ganz großes Wort Jakobs: Er hatte nicht mehr geglaubt, Josef jemals wiederzusehen. *„Nun aber hat mich Gott sogar noch deine Nachkommen sehen lassen"*. Ein Wort tiefer Dankbarkeit. In V. 12 verneigt sich Josef tief vor seinem Vater, bis seine Nase den Boden berührt. *„Der Mächtige weiß sehr wohl, dass der von ihm unterhaltene Vater mehr Zukunft zu vergeben hat, als er selbst"* (H. Seebass). In V. 15f. sind Josef und die beiden jungen Männer (sie sind keine Knaben mehr!) in einem Segen zusammengeschlossen.

Anders als in Gen 27 (der erschlichene Segen Isaaks) segnet Jakob beide Söhne Josefs. Aber er segnet den Jüngeren als Ersten. Josef will das vorsichtig korrigieren. Aber Jakob will nicht: „Ich weiß, mein Sohn, ich weiß." Wie so häufig in der Bibel bekommt auch hier der Jüngere einen Vorrang (48,17-21).

Gen 49,1-27 enthält eine Reihe von Stammessprüchen, dem sterbenden Jakob in den Mund gelegt, in denen er die Stämme seiner Söhne charakterisiert. Sie sind nur noch locker mit der Josefsgeschichte verbunden. 49,28-33 erzählt dann den Tod Jakobs und seine Bitte, ihn auf dem Grundstück von Machpela in Kanaan zu begraben.

Gen 50,1-14: Das Begräbnis Jakobs in Machpela

50,1 beginnt mit einer sehr intimen und sehr einfühlsamen, die Gefühle der Trauer um den Toten zulassenden Sterbeszene (I. Willi-Plein). Doch schon in V. 2 gibt Josef den Befehl, seinen Vater einzubalsamieren. Josef ließ sich über die Hofleute beim Pharao die Erlaubnis erbitten, auf dem

„Dienstweg" über Hofbeamte, seinen Vater in Kanaan zu begraben. Dieses Begräbnis wird unglaublich grandios beschrieben. *„VV. 7-11 schildern den exotisch anmutenden Trauerzug auf einem Weg östlich des Jordan, die Neugier der Einheimischen und ihr Gespräch über die würdige Trauerfeier in dem Ort, dessen Name als „Ägyptentrauer" gehört werden kann"* (I. Willi-Plein).

Gen 50,15-21: Ein guter Ausgang

Ist diese Szene nur noch ein späterer Zusatz – und wirkt sie nach dem großen Versöhnungsteil in 45 nur noch wie eine kleinliche Nachdoppelung, so Ina Willi-Plein? Auch für Josef Scharbert ist dieses Kapitel nach Kapitel 45 „verwunderlich". Doch auch hier wird eine frühere Begebenheit aus der Jakobsgeschichte eingespielt. Nach dem schlimmen Betrug Jakobs an seinem Vater Isaak und an seinem Bruder beschließt Esau, nach dem Tod des Vaters Rache an Jakob zu nehmen und ihn umzubringen. Mutter Rebekka kann das gerade noch verhindern und schickt Esau weg, zu ihrem Bruder nach Haran (Gen 27,41-45).

Tatsächlich kommt die Josefsgeschichte erst nach dem Tod Jakobs zu ihrem Ende. Die Brüder sagen sich: *„Wenn Josef uns jetzt alles Böse vergilt, das wir ihm getan haben."* Die Zitationskette ist irre: Die Brüder lassen sagen, was der Vater gesagt haben soll, was sie sagen sollen. Unglaublich! Bedienen sie sich eines fingierten Zitats des toten Vaters, um Josef zur Milde zu bewegen? Die Situation ist fast wieder wie am Anfang der Geschichte. An keiner Stelle der Josefsgeschichte wird ein Geständnis der Brüder erzählt, in welchem sie gegenüber dem Vater bekannt hätten, was sie Josef einst angetan haben. Jakob könnte es zumindest geahnt haben. Ausgesprochen wird es nicht. Es gibt so viel Ungesagtes in (nicht nur) dieser Familie ... (J. Ebach).

In dieser Erzählung wird abermals erwähnt, dass Josef weint. Weint er, weil er merkt, dass seine Brüder noch immer nicht zur inneren Ruhe gekommen sind (J. Scharbert)? Es heißt, seine Brüder gingen dann auch selbst hin, fielen vor ihm nieder und sagten: Hier sind wir als deine Sklaven. Das Niederfallen der Brüder erscheint wie die endgültige Erfüllung des ersten Josefstraums, nun aber tun sie es bewusst vor ihrem Bruder Josef. Josef antwortet mit der rhetorischen Frage: *„Ja, stehe ich denn an Gottes Stelle?"* (V. 19) Auch dieser Satz erinnert an eine frühere Begebenheit. *„Als Rahel sah, dass sie Jakob keine Kinder gebar, wurde sie eifersüchtig auf ihre Schwester. Sie sagte zu Jakob: Verschaff mir Söhne! Wenn nicht, sterbe ich. Da wurde Jakob zornig auf Rahel und sagte: Nehme ich etwa die Stelle Gottes ein, der dir die Leibesfrucht versagt?"* (30,1-2).

In Gen 50,19 weist der Satz die Unterwerfung der Brüder zurück. Er ist eine entschiedene Korrektur der ersten Traumerwartung (37,7f.). Er ist ein Schlüsselsatz in der ganzen Josefsgeschichte. Die Brüder müssen lernen, mit Schuld zu leben. Aber sie sollen mit der Schuld auch leben können. Auch *„Josef hat etwas gelernt, nämlich dass er nicht an Gottes Stelle ist, nicht Gott spielen soll. Hatte er nicht als ägyptischer Herr und Stellvertreter des gottgleichen Pharao die Brüder wie Marionetten tanzen lassen? Hatte er sie nicht mit Zuckerbrot und Peitsche bald so, bald so einem für sie völlig undurchschaubaren Spiel unterzogen? Hatte er nicht ihr Niederfallen und ihre Verneigungen akzeptiert und womöglich auch als Erfüllung seiner Träume genossen? Hatte er nicht sein Weinen unterdrückt, solange die Selbstbeherrschung zur Beherrschung der Brüder gehörte? Hatte er sie nicht mehrfach spüren lassen, wie es ist, ganz und gar den undurchschaubaren Machenschaften von oben ausgeliefert zu sein? Josef hatte Gott gespielt und er hatte die Brüder so etwas lernen lassen … Nun aber muss auch Josef lernen, dass er nicht an Gottes Stelle ist. Die rhetorische Frage (V. 19) fordert mithin sowohl von den Brüdern als auch von Josef Konsequenzen"* (J. Ebach).

Diese strikte Unterscheidung zwischen Josef und Gott bestimmt auch den Vers 20, der als Schlüsselsatz der Josefsgeschichte verstanden wurde und wird. *„Ihr habt Böses gegen mich im Sinne gehabt, Gott aber hatte dabei Gutes im Sinn, um zu erreichen, was heute geschieht: viel Volk am Leben zu erhalten."*

Mit dem Verweis auf das gute Ende entlässt Josef die Brüder nicht aus ihrer Schuld und Verantwortung. Was sie ihm angetan haben, wird durch den Ausgang der Geschichte nicht ins Recht gesetzt. Es bleibt zu tragen – für die Brüder und für Josef.

Der Vers 20 war und ist ein Schlüsselvers der ganzen Erzählung. In dem immer noch lesenswerten Genesis-Kommentar von Gerhard von Rad eröffnet sich hier „das innerste Geheimnis der Josephsgeschichte". Allerdings, seine Bemerkung, wo es kein Mensch mehr annehmen konnte, habe Gott alle Fäden in den Händen gehabt, wird von J. Ebach zurückgewiesen. Gott erscheine hier fast als der große „Strippenzieher" – sind entsprechend die Menschen Marionetten in Gottes Hand?

Man muss genau hinsehen: Josef macht hier nicht *„für sich selbst eine Rechnung auf, in der für ihn das frühere Leiden durch den späteren Erfolg kompensiert oder gar in ein Plus überführt wäre, und ebenso wenig – das ist noch wichtiger – entlässt er mit dem Verweis auf das gute Ende die Brüder aus ihrer Schuld und Verantwortung. Was sie ihm angetan haben, wird durch den Ausgang der Geschichte, in der es sich als Voraussetzung des Überlebens der „Kinder Israels" (als Familie und Volk) erweist, nicht etwa ins Recht gesetzt; es bleibt zu tragen – für die Brüder und für Josef. Da er aber nicht an Gottes Stelle ist, kann (und will) er kein eigenes Urteil sub specie Dei (aus dem Blickpunkt Gottes) abgeben. Und weil er nicht an Gottes Stelle urteilen kann, kann er auch nicht an Gottes Stelle vergeben"* (J. Ebach 662).

Dass Josef seinen Brüdern vergibt, steht im Text von Gen 50 nicht. In Gen 50,16-17 hatten sie Josef zwar wissen lassen, dass der Vater ihnen vor seinem Tod aufgetragen habe, Josef um Vergebung ihrer Schuld zu bitten. Zwei Mal wird diese Bitte in V. 17 ausgesprochen. Und die Schuld wird nicht als Bagatelle hingestellt, sondern als Untat und etwas Schlimmes bezeichnet. Erst dann haben sie den Mut, selber zu Josef zu gehen. *„Josef geht auf die Bitte der Brüder nicht ein, jedenfalls nicht in ihrem Sinn: „Bin ich denn an Gottes Stelle?" (V. 19). Den Sünder von seiner Schuld wirklich entlasten kann nur Gott. Doch liegt es Josef fern, seine Brüder weiterhin mit ihrer schweren Schuld belastet zu sehen. Im Gegenteil: Ihre Schuld ist bereits von Gott selbst umgewandelt, indem Gott das Böse, das sie gegen Josef planten, zum Guten umgeplant hat (V. 20). Ihre Tat als solche kann zwar nicht ungeschehen gemacht werden, am wenigsten von Josef, ihrem Opfer, doch hat Gott sie längst ihres destruktiven Charakters*

entkleidet, sie zu einem heilvollen Ziel umgewidmet" (L. Ruppert).
Vergebung konnte Josef den Brüdern nicht gewähren, wohl aber Versorgung und Trost. Die Brüder können nun mit dieser Schuld leben und aufatmen, als freie Menschen, nicht als Sklaven dessen, den sie einst selber als Sklaven verkauften. So erreicht Josef das Herz der Brüder. Dass sie von nun an ein Herz und eine Seele werden, steht allerdings nicht im Text!
Josef weist die Unterwerfung der Brüder zurück. Um für sich selbst einstehen zu können, sollen sie sich nicht beugen müssen. Um mit Schuld leben zu können und nicht an ihr zu ersticken, bedarf es der Luft zum Atmen. Darum tröstet Josef seine Brüder (V. 21).

Gen 50,22-26: Josefs Lebensende

110 Jahre – in ägyptischen Quellen ist das Ausdruck eines erfüllten Lebens. Dem vom Leben hart geprüften Mann bleibt noch eine lange Zeit. Und ihm ist auch der Anblick mehrerer Generationen von Nachkommen vergönnt.

Rückblick auf die Josefsgeschichte

Die Josefsgeschichte setzt offenbar die Erfahrung des Exils voraus. Die Botschaft der Geschichte ist ja unter anderem, dass man auch im fremden Land leben und überleben kann. Das Ägyptenbild in der Josefsgeschichte ist weithin positiv. Ägypten erscheint als Rechtsstaat, in dem Leben und Ordnung herrschen. Auch ein Leben unter fremder Oberherrschaft kann ein für die Menschen Israels mögliches, ja annehmbares Leben sein. Doch das Land Israel bleibt Heimat und soll Israel wieder zur Heimat werden. Hierher wird Gott die Nachkommen Jakobs zurückbringen. Das Leben im fremden Land wird nicht das letzte Wort sein – für den Vater Jakob/Israel nicht und für das Volk Israel nicht. Von daher fällt auch nochmal ein neues Licht auf den gewaltigen ägyptischen Trauerzug zu Jakobs Beisetzung. Gen 37–50 ist ein nicht in einem Zug verfasster, sondern ein in einem langen Zeitraum gewordener Text. Erfahrungen von Generationen sind in diesen Text eingeflossen. Das macht seinen Reichtum aus.

Literatur

- G. v. Rad, Das erste Buch Mose. Genesis, Das Alte Testament Deutsch, Göttingen (Vandenhoeck) [9]1972
- J. Scharbert, Genesis 12-50, Neue Echter-Bibel, Würzburg (Echter) 1986
- H. Seebass, Genesis III. Josephgeschichte (37,1–50,26), Neukirchen-Vluyn (Neukirchener) 2000
- R. Lux, Josef. Der Auserwählte unter seinen Brüdern, Biblische Gestalten Band 1, Leipzig (Evangelische Verlagsanstalt) 2001
- J. Ebach, Genesis 37-50, Herders Theologischer Kommentar zum AT, Verlag Herder GmbH, Freiburg i.Br. 2007
- L. Ruppert, Genesis. Ein kritischer und theologischer Kommentar, 4. Teilband: Gen 37,1-50,26, Würzburg (Echter) 2008
- I. Willi-Plein, Das Buch Genesis. Kapitel 12-50, Neuer Stuttgarter Kommentar. Altes Testament, Stuttgart 2011

PS: Man kann die Josefsgeschichte gut an einem Studientag mit interessierten Leuten lesen. Aus dem Kreis der Teilnehmenden werden die entsprechenden Bibeltexte gelesen – es folgen jeweils kurze Hinweise zum Text (Referat). Nach Gen 40,23; 41,57; 42,38; 45,15; 50,14; 50,26 erfolgt ein Gespräch im Plenum, nach 41,57; 45,15; 50,26 evtl. zunächst in Kleingruppen.

Ein Gott der Gewalt?

Irritationen mit der Bibel

Ein Mitarbeiter der Diözese erzählte mir von der Firmvorbereitung seines Sohnes. Der junge Mann hat das sehr ernst genommen und sich entschlossen, aus Anlass der Firmung mal die ganze Bibel zu lesen, von A bis Z. Er hat das konsequent durchgehalten. Doch das Ergebnis seiner Bibellektüre war völlig anders als erwartet. Der junge Mann war nicht etwa beeindruckt, sondern geradezu empört. Was ist das für ein Buch, voller Gewalttaten und Grausamkeiten! Und dann steht zu allem Überfluss auch noch drin, dass Gott solche Gräueltaten geradezu befiehlt, etwa die Ausrottung der ganzen Bevölkerung einer eroberten Stadt, unterschiedslos.

Der junge Mann steht mit seiner Empörung keineswegs allein. Vor einigen Jahren erschien das Buch des Freiburger Psychologieprofessors Franz Buggle mit dem Titel *"Denn sie wissen nicht, was sie glauben"*. Darin wirft er den Kirchen vor, ihren Mitgliedern die halbe Bibel zu verschweigen. Sie präsentierten ihren Gläubigen die Bibel nur in einer höchst selektiven Auswahl, jedenfalls in Gottesdienst und Unterricht. Die meisten Christen wüssten gar nicht, was alles in der Bibel drinsteht. – So ganz falsch dürfte das nicht sein.
Die vielen schwierigen, sperrigen, grausamen Texte in der Bibel – wie können wir damit umgehen? Ich möchte einige Gesichtspunkte zur Orientierung nennen:

Die Bibel: Ein ehrliches Buch

Viele Völker neigen dazu, in ihrer Geschichtsschreibung die eigene Vergangenheit zu verklären. Natürlich entgeht auch die Bibel dieser Gefahr nicht immer. Aber es ist doch erstaunlich, mit welcher Ehrlichkeit sich das Volk Israel auch den Schattenseiten seiner eigenen Geschichte stellt. Selbst die ganz großen Gestalten der Geschichte Israels werden nicht einseitig als Helden gezeichnet, sondern als Menschen aus Fleisch und Blut. David ist der große König, geliebt und bewundert aber seine Mord- und Gräueltaten werden nicht verschwiegen. Sie werden in aller Offenheit geschildert und zugleich heftig kritisiert. Übrigens kommen viele Könige der Geschichte Israels in der Beurteilung der Bibel ausgesprochen schlecht weg.

Selbst Abraham, der große „Vater im Glauben", erweist sich in manchen Situationen geradezu als Waschlappen, wenn er z. B. seine Frau Sara in den Harem des Pharao verkauft, um seine eigene Haut zu retten (Gen 12,10-20), oder wenn er – gegen seine eigene Überzeugung! – die Magd Hagar mit ihrem kleinen Sohn in die Wüste schickt, weil seine Frau das so will (Gen 21,9-21).
Die Bibel stellt sich ganz realistisch der Tatsache, dass Menschen zur Gewalttätigkeit neigen. Sehr nüchtern setzt die Sintflutgeschichte ein: *„Der Herr sah, dass auf der Erde die Schlechtigkeit des Menschen zunahm und dass alles Sinnen und Trachten seines Herzens immer nur böse war"* (Gen 6,5). Ebenso nüchtern geht sie zu Ende. Als Noach sein Dankopfer darbringt, reagiert Gott darauf: *„… Und der Herr sprach bei sich: Ich will die Erde wegen des Menschen nicht noch einmal verfluchen; denn das Trachten des Menschen ist böse von Jugend an"* (Gen 8,21). Die Bibel ist ein stocknüchternes Buch. Die vorhandene Wirklichkeit ist von Gewalt bestimmt. Und deswegen spricht das Alte Testament mehr als andere nationale und religiöse Literaturen von Gewalt.

Gewalt wird als Sünde bewertet

Die Begründung der Sintflut sagt klipp und klar, dass Gott Gewalttätigkeit leidenschaftlich ablehnt. In der Predigt der großen Propheten ist die Kritik an Gewalttätigkeit durchgehendes Thema. Hos 4,1f. fasst sie markant zusammen: *„Hört das Wort des Herrn, ihr Söhne Israels! Denn der Herr erhebt Klage gegen die Bewohner des Landes: Es gibt keine Treue und keine Liebe und keine Gotteserkenntnis im Land. ² Nein, Fluch und Betrug, Mord, Diebstahl und Ehebruch machen sich*

breit, Bluttat reiht sich an Bluttat.“ Ähnlich lesen wir in Mi 7,1-2:
„Weh mir! Es geht mir wie nach der Obsternte, wie bei der Nachlese im Weinberg: Keine Traube ist mehr da zum Essen, keine von den Frühfeigen, die mein Herz begehrt. ² Verschwunden sind die Treuen im Land, kein Redlicher ist mehr unter den Menschen. Alle lauern auf Blut, einer macht Jagd auf den andern.“ Der Untergang der Dynastie Davids 587/586 wird unter anderem mit den Gewalttätigkeiten des Königs Manasse begründet. Die Eroberung Jerusalems durch die Babylonier geschah *„auch wegen des unschuldigen Blutes, das Manasse vergossen und mit dem er Jerusalem angefüllt hatte. Das wollte der Herr nicht mehr verzeihen“* (2 Kön 24,4).

Ein besonders eindrucksvolles Beispiel findet sich beim Propheten Micha: 2,1-2.6-11:

„Weh denen, die auf ihrem Lager Unheil planen und Böses ersinnen. Wenn es Tag wird, führen sie es aus; denn sie haben die Macht dazu. ² Sie wollen Felder haben und reißen sie an sich, sie wollen Häuser haben und bringen sie in ihren Besitz. Sie wenden Gewalt an gegen den Mann und sein Haus, gegen den Besitzer und sein Eigentum. ... ⁶ Sie geifern: Prophezeit nicht! und sagen: Man soll nicht prophezeien: Diese Schmach wird nicht enden. ⁷ Ist etwa das Haus Jakob verflucht? Hat der Herr die Geduld verloren? Sind das seine Taten? Sind seine Worte nicht voll Güte gegenüber dem, der geradeaus geht? ⁸ Gestern noch war es mein Volk, jetzt steht es da als mein Feind. Friedlichen Menschen reißt ihr den Mantel herunter, arglose Wanderer nehmt ihr gefangen, als wäre Krieg. ⁹ Die Frauen meines Volkes vertreibt ihr aus ihrem behaglichen Heim, ihren Kindern nehmt ihr für immer mein herrliches Land. ¹⁰ (Ihr sagt:) Auf, fort mit euch! Hier ist für euch kein Ort der Ruhe mehr. Wegen einer Kleinigkeit pflegt ihr zu pfänden; diese Pfändung ist grausam. ¹¹ Würde einer sich nach dem Wind drehen und dir vorlügen: Ich prophezeie dir Wein und Bier!, das wäre ein Prophet für dieses Volk“ (vgl. dazu oben Seite 19-22).

Racheverzicht – eine Möglichkeit, Gewalt zu besiegen

Den sogenannten „Fluchpsalmen" im Alten Testament stehen Christen oft sehr kritisch gegenüber. Im Brevier wurden sie teilweise gekürzt oder ausgelassen. Christen sagen oft, solche Texte seien unchristlich. Doch bei Lichte betrachtet: Diese Psalmen, die die Rache auf Gott abwälzen, laufen praktisch auf einen menschlichen Racheverzicht hinaus. Es ist genau anders als wir das spontan empfinden: Sie tun einen entscheidenden Schritt auf eine Welt der Gewaltlosigkeit zu. Schon Propheten des achten Jahrhunderts haben diese Erkenntnis, man solle sein Recht nicht selber in die Hand nehmen, auf die internationale Politik übertragen. In dem berühmten Text Jes 7 hat der Prophet in einer höchst gefährlichen Situation den König von Juda aufgefordert, keinen Verteidigungskrieg vorzubereiten, sondern auf Gottes Hilfe zu vertrauen. In Jerusalem war eine brenzlige Situation entstanden. Die Assyrer hatten sich mit dem König des Nordreichs verbündet, um gegen Jerusalem in den Krieg zu ziehen. Sie wollten den Jerusalemer König zwingen, in ihre antiassyrische Allianz einzutreten. Das Buch Jesaja erzählt (7,2-7):

„² Als man dem Haus David meldete: Aram hat sich mit Efraim verbündet!, da zitterte das Herz des Königs und das Herz seines Volkes, wie die Bäume des Waldes im Wind zittern. ³ Der Herr aber sagte zu Jesaja: Geh zur Walkerfeldstraße hinaus, zusammen mit deinem Sohn Schear-Jaschub (Ein Rest kehrt um), an das Ende der Wasserleitung des oberen Teiches, um Ahas zu treffen. ⁴ Sag zu ihm: Bewahre die Ruhe, fürchte dich nicht! Dein Herz soll nicht verzagen wegen dieser beiden Holzscheite, dieser rauchenden Stummel, wegen des glühenden Zorns Rezins von Aram und des Sohnes Remaljas. ⁵ Zwar planen Aram, Efraim und der Sohn Remaljas Böses gegen dich und sagen: ⁶ Wir wollen gegen Juda ziehen, es an uns reißen und für uns erobern; dann wollen wir den Sohn Tabeals dort zum König machen. ⁷ Doch so spricht Gott, der Herr: Das kommt nicht zustande, das wird nicht geschehen."

Eine ähnliche Aufforderung zum Stillhalten findet sich in der Schilf-meererzählung Ex 14. Auch der Prophet Jeremia hat den gewaltsa-men Aufstand gegen die babylonischen Eroberer abgelehnt. Er hat dazu geraten, sich dem Joch des Königs von Babel zu unterwerfen und so fürchterliches Blutvergießen zu verhindern. Er wurde nicht gehört; erst im Nachhinein hat er recht bekommen. Im babylonischen Exil schließlich wächst in Israel die Erkenntnis, dass es besser ist, sich in der Position des Verfolgten als in der des Verfolgers zu be-finden. Die Priesterschrift ist ein ausgesprochen pazifistisches Buch.

Geradezu berühmt geworden ist Jes 2,1-5:

> *„Das Wort, das Jesaja, der Sohn des Amoz, in einer Vision über Juda und Jerusalem gehört hat. [2] Am Ende der Tage wird es ge-schehen: Der Berg mit dem Haus des Herrn steht fest gegründet als höchster der Berge; er überragt alle Hügel. Zu ihm strömen alle Völker. [3] Viele Nationen machen sich auf den Weg. Sie sagen: Kommt, wir ziehen hinauf zum Berg des Herrn und zum Haus des Gottes Jakobs. Er zeige uns seine Wege, auf seinen Pfaden wol-len wir gehen. Denn von Zion kommt die Weisung des Herrn, aus Jerusalem sein Wort. [4] Er spricht Recht im Streit der Völker, er weist viele Nationen zurecht. Dann schmieden sie Pflugscharen aus ihren Schwertern und Winzermesser aus ihren Lanzen. Man zieht nicht mehr das Schwert, Volk gegen Volk, und übt nicht mehr für den Krieg. [5] Ihr vom Haus Jakob, kommt, wir wollen unsere Wege gehen im Licht des Herrn."*

Der Text entspricht Mi 4,1-3. Ähnlich eindrucksvoll formuliert Sach 9,10: *„Ich vernichte die Streitwagen aus Efraim und die Rosse aus Je-rusalem, vernichtet wird der Kriegsbogen. Er verkündet für die Völ-ker den Frieden; seine Herrschaft reicht von Meer zu Meer und vom Eufrat bis an die Enden der Erde."*

Literatur Unterlegener

In der Bibel ist häufig von Feldzügen und Kriegen die Rede. Das ist nicht etwa deswegen so, weil Israel ein besonders kriegslüsternes Volk gewesen wäre. Es ist deswegen so, weil diesem Volk Kriege immer wieder aufgezwungen wurden. Israel war immer ein kleines Land, politisch meist unbedeutend, ein Spielball der Großmächte, im Süden Ägypten, im Norden die Großreiche des Zweistromlandes, Assur und später Babylon. Wie oft sind die Armeen der Großmächte durch das kleine Land gezogen! Für die Menschen der Bibel waren Krieg, Vertreibung und Zerstörung bittere Realität.

Auf weite Strecken ist die Bibel Literatur Unterdrückter. Das muss man immer bedenken, wenn man ihre Texte richtig einordnen will. In vielen Variationen erzählt sie, wie Gott auf der Seite der kleinen Leute steht, der Sklaven, der Unterlegenen. Denken Sie nur an die Geschichten vom Auszug aus Ägypten, die natürlich auch ihre grausame Kehrseite haben.

Gerade dieser Text macht uns heute schwer zu schaffen. Doch muss man bedenken: Der Pharao schickt den fliehenden Hebräern 600 Streitwagen hinterher, eine hochgerüstete Armee, praktisch die Panzer des Alten Orients. Eine zu Fuß fliehende Menge aus Männern, Frauen und Kindern samt ihren Kleinviehherden hat dagegen nicht die geringste Chance. Der wahre Gott steht niemals (und erst recht nicht legitimierend) auf der Seite der Verfolger, er steht stets auf der Seite der Verfolgten. Klaus Stefan Krieger schreibt etwas provozierend: *„Dass wir eher Mitleid mit den ertrunkenen Ägyptern hegen, als die Freude der Texte über die Befreiung der versklavten Israeliten zu teilen, liegt zweifellos auch daran, dass wir den Blick für die Geknechteten verloren haben. ... Die Unterdrückung breiter Schichten der Bevölkerung kennen wir nicht aus unserer Lebenswelt. Das hat zwei Folgen: Einerseits fehlen uns unmittelbar erfahrene Unterdrückung als drängendes Problem und als Motivation für soziales und gesellschaftsveränderndes Handeln. Andererseits müssten wir, würden wir uns auf diese Frage einlassen, realisieren, dass unsere Wohlstandsgesellschaft zumindest teilweise auf der Ausbeutung vieler*

Menschen in anderen Erdteilen beruht ... Die überhebliche Souverä-
nität, mit der wir uns heute gerne über die Texte stellen und ihren In-
halten moralische Zensuren erteilen, tut ihnen zweifellos Unrecht"
(Gewalt in der Bibel, 47f.).

Auch im Neuen Testament finden wir „problematische" Stellen. So heißt
es in der Johannesoffenbarung 6,9-10: „*⁹ Als das Lamm das fünfte Sie-*
gel öffnete, sah ich unter dem Altar die Seelen aller, die hingeschlach-
tet worden waren wegen des Wortes Gottes und wegen des Zeugnisses,
das sie abgelegt hatten. ¹⁰ Sie riefen mit lauter Stimme: Wie lange zö-
gerst du noch, Herr, du Heiliger und Wahrhaftiger, Gericht zu halten
und unser Blut an den Bewohnern der Erde zu rächen?" Auf den ersten Blick wirkt dieser Text erschreckend. Der Ruf nach Rache scheint im
völligen Widerspruch zur Botschaft Jesu zu stehen, der in der Bergpredigt dazu aufruft, auf Rache und Vergeltung zu verzichten. Auch an
anderer Stelle der Johannesoffenbarung stellen sich solche Fragen:
Schildert sie nicht mit unheimlicher Lust den Untergang der Gottlosen?
Ist so etwas nicht Ausdruck fanatischen Hasses und Ressentiments?
Man lese nur Offb 14,9-11 oder 19,11-21.

Die Vision aus Offb 6 zeigt sehr deutlich, welche drängenden Fragen
hinter den Gerichtsvisionen der Apokalypse stehen: „*Wie lange zö-*
gerst du noch, Herr?" Die damaligen Gemeinden stehen vor der drängenden Frage: Warum greift Gott nicht ein, warum lässt er das
Unrecht geschehen? Diese Frage ist im Grunde der Auslöser der gesamten Johannesoffenbarung, wohl auch der Schlüssel zu ihrem angemessenen Verständnis. Die Gemeinden des Johannes im damaligen
Kleinasien sind verschwindende Minderheiten. Die Christen fühlen
sich völlig ohnmächtig angesichts der Übermacht eines Staates, der
ihnen göttliche Verehrung abnötigen will. Sie können sich nicht wehren. Sie sind der Willkür der Bürokraten hilflos ausgeliefert, sehen
sich völlig in die Ecke gedrängt. Sie fragen sich immer wieder:
Warum lässt Gott das alles laufen? Warum greift er nicht ein? Hat er
abgedankt? Ist ihm die Geschichte der Menschen entglitten? Bestimmt er überhaupt die Geschichte der Welt? Wenn die Offenbarung
hier Gott um sein richtendes Eingreifen bittet, so tut sie das in der fast

verzweifelten Hoffnung, dass die Mörder nicht unwidersprochen und für alle Ewigkeit über ihre Opfer triumphieren mögen. Der laute Schrei nach Gerechtigkeit kommt aus der Hoffnung, dass die Opfer wenigstens vor der allerletzten Instanz ihr Recht bekommen. Auch hier gilt: Die Johannesoffenbarung ist Literatur Unterdrückter!

Im Namen Gottes töten?

Aber da sind die Stellen, wo Gott ausdrücklich befiehlt, eine eroberte feindliche Stadt zu liquidieren, Kinder und Greise, unterschiedslos. Solche Stellen gibt es, nicht nur in den Büchern Richter und Josua, und sie machen uns nicht geringe Mühe. Nur ein paar Texte seien exemplarisch für viele andere zitiert: Bei der Eroberung Jerichos heißt es in Jos 6,16-17:

> *[16] Als die Priester beim siebtenmal die Hörner bliesen, sagte Josua zum Volk: Erhebt das Kriegsgeschrei! Denn der Herr hat die Stadt in eure Gewalt gegeben. [17] Die Stadt mit allem, was in ihr ist, soll zu Ehren des Herrn dem Untergang geweiht sein. Nur die Dirne Rahab und alle, die bei ihr im Haus sind, sollen am Leben bleiben, weil sie die Boten versteckt hat, die wir ausgeschickt hatten.*

In Jos 6,20-21 lesen wir:

> *[20] Darauf erhob das Volk das Kriegsgeschrei, und die Widderhörner wurden geblasen. Als das Volk den Hörnerschall hörte, brach es in lautes Kriegsgeschrei aus. Die Stadtmauer stürzte in sich zusammen, und das Volk stieg in die Stadt hinein, jeder an der nächstbesten Stelle. So eroberten sie die Stadt. [21] Mit scharfem Schwert weihten sie alles, was in der Stadt war, dem Untergang, Männer und Frauen, Kinder und Greise, Rinder, Schafe und Esel.*

Besonders krass erscheint Num 31,1-3.7-18:

> *Der Herr sprach zu Mose: [2] Nimm für die Israeliten Rache an den Midianitern! Danach wirst du mit deinen Vorfahren vereint wer-*

den. ³ Da redete Mose zum Volk und sagte: Rüstet einen Teil eurer Männer für den Heeresdienst! Sie sollen über Midian herfallen, um die Rache des Herrn an Midian zu vollstrecken. ... ⁷ Sie zogen gegen Midian zu Feld, wie der Herr es Mose befohlen hatte, und brachten alle männlichen Personen um. ⁸ Als sie die Männer erschlagen hatten, brachten sie auch noch die Könige von Midian um: Ewi, Rekem, Zur, Hur und Reba, die fünf Könige von Midian. Auch Bileam, den Sohn Beors, brachten sie mit dem Schwert um. ⁹ Die Frauen von Midian und dessen kleine Kinder nahmen die Israeliten als Gefangene mit. Das ganze Vieh und der reiche Besitz der Midianiter wurde ihre Beute. ¹⁰ Alle Städte im Siedlungsgebiet der Midianiter und ihre Zeltdörfer brannten sie nieder. ¹¹ Alle Menschen und das ganze Vieh, das sie erbeutet und geraubt hatten, nahmen sie mit. ¹² Sie brachten die Gefangenen und die geraubte Beute zu Mose, zum Priester Eleasar und zur Gemeinde der Israeliten in das Lager in den Steppen von Moab am Jordan bei Jericho. ¹³ Mose, der Priester Eleasar und alle Anführer der Gemeinde gingen ihnen aus dem Lager entgegen. ¹⁴ Mose aber geriet in Zorn über die Befehlshaber, die Hauptleute der Tausendschaften und die Hauptleute der Hundertschaften, die von dem Kriegszug zurückkamen. ¹⁵ Er sagte zu ihnen: Warum habt ihr alle Frauen am Leben gelassen? ¹⁶ Gerade sie haben auf den Rat Bileams hin die Israeliten dazu verführt, vom Herrn abzufallen und dem Pegor zu dienen, sodass die Plage über die Gemeinde des Herrn kam. ¹⁷ Nun bringt alle männlichen Kinder um und ebenso alle Frauen, die schon einen Mann erkannt und mit einem Mann geschlafen haben. ¹⁸ Aber alle weiblichen Kinder und die Frauen, die noch nicht mit einem Mann geschlafen haben, lasst für euch am Leben!"

Die altorientalische Kriegspraxis war grausam. Gott befiehlt einen Angriffs- und Vernichtungskrieg. Und auf die Intervention des Mose werden aus religiösen Gründen nachträglich auch noch die gefangenen Frauen und Kinder umgebracht. Diese Erzählungen sind erst Jahrhunderte nach den in ihnen geschilderten Ereignissen aufgeschrieben. Sie schildern eher die Probleme der Zeiten, in denen diese

Geschichten entstanden, als die Probleme der Zeit, von der sie erzählen. Gerade im letzten Text steht offensichtlich die spätere assyrische Kriegspraxis im Hintergrund: Das Niederbrennen der Zeltdörfer und das Abschlachten der Zivilbevölkerung mit Ausnahme der jungfräulichen Frauen entspricht haargenau der späteren Kriegspraxis der Assyrer gegen nomadisierende Feinde.

Entstanden sind die Texte in einer Zeit, in der Israel völlig ohnmächtig war, besiegt von den Großmächten, tributpflichtig, ohne eigene staatliche Autorität. Zunächst standen die Königreiche Israel und Juda unter der ständigen Bedrohung durch die übermächtigen Assyrer, die schließlich den Nordteil Israels annektierten. Später war Babylon die Großmacht, die Israel in Abhängigkeit hielt und schließlich zu einer Strafexpedition nach Jerusalem aufbrach. Dann kam die bedrückende Herrschaft der Perser. Die Texte sind in diesen späteren Zeiten entstanden und blicken auf die Wüstenzeit und die Landnahme zurück, um aus den alten Geschichten, die von Gott als dem hilfreichen Kampfgenossen erzählen, Zuversicht zu beziehen. Bernd Feininger hat es so ausgedrückt: *„Bis hinein in den Untergang Jerusalems und die Exilszeit entwickelte sich ein Gottesbild, das in den kriegerischen Beispiel-Erzählungen ... zur moralischen Aufrüstung der mut- und ziellos gewordenen Bevölkerung dienen sollte"* (Bibel und Kirche 46 (1991), 155).

Wenn man die viel spätere Entstehungszeit solcher Texte bedenkt, die samt und sonders in einer Situation politischer Bedeutungslosigkeit und Unterdrückung Israels anzusiedeln sind, werden die Anstöße dieser Texte ganz gewiss erträglicher. Es bleibt dennoch die Frage, wieso ein solches Gottesbild überhaupt Eingang in die Bibel finden konnte.

Einordnung in die Glaubensgeschichte Israels

Die Bibel, so hat uns die moderne Bibelwissenschaft sehen gelehrt, ist nicht einfach vom Himmel gefallen. Sie ist nicht Gottes Wort pur. Sie ist von Menschen geschrieben. Sie spiegelt das Bemühen von Menschen wider, ihr widersprüchliches Leben zu begreifen, sich auf all die gegensätzlichen Erfahrungen einen Reim zu machen. Ihre Texte sind in einem Zeitraum von mehr als tausend Jahren entstanden. Und ich finde es faszinierend, beim Lesen der Bibel mitzuerleben, wie Menschen tiefer in ihren Glauben hineinwachsen, wie der Glaube Israels im Lauf der Jahrhunderte reift und wächst. Und ich bin überzeugt: Gottes Geist hat die Menschen die Wahrheit finden lassen. Wir kommen redlicherweise nicht darum herum, bestimmte Aussagen der Bibel zu relativieren, indem wir sie in diese lange Glaubensgeschichte einordnen. Es gibt Texte, meist alte Texte, die spiegeln eine Auffassung von Gott wider, die später in Israel überwunden wird. Gott ist kein Gott, der die Vernichtung seiner Feinde will.

Sie kennen das Buch Jona, einen Höhepunkt der Glaubensgeschichte Israels. Jona wird nach Ninive geschickt, dort zu predigen, um die gottlose Stadt vor dem Untergang zu retten. Ninive ist für das damalige Israel der Inbegriff der feindlichen Stadt. Von dort haben die Heere der Assyrer Tod und Schrecken verbreitet. Ausgerechnet dort soll Jona seelsorglich wirken. Er will nicht. Es geht ihm gegen den Strich. Doch er muss lernen: Gott will nicht die Vernichtung der Gottlosen. Er ist voller Sympathie auch für sie. Er will sie bekehren und retten. Dieses Buch ist ein Höhepunkt der Glaubensgeschichte Israels, ein Zeichen, wie Israel im Lauf der Jahrhunderte tiefer in seinen Glauben hineinwächst (vgl. oben Seite 79-85).

Von solchen Höhepunkten her muss man vieles an Grausamkeiten kritisieren und relativieren. Das Volk Israel ist erst allmählich in die Reife seines Glaubens hineingewachsen. Die Bibel ist dafür ein bewegendes Beispiel, wenn man sie jedenfalls in ihrem geschichtlichen Werden ernst nimmt. Und solch eine Einsicht, wie sie das Buch Jona spiegelt, kann natürlich im Lauf der Zeit auch wieder verlorengehen. Nicht zuletzt die Geschichte der Kirche ist voller Beispiele dafür, wie sie die Weite und Großherzigkeit Jesu nicht durchgehalten hat, wie wir Christen oft weit hinter seiner Botschaft zurückgeblieben sind. Wie viele Beispiele dafür gibt es in der Geschichte unserer Kirche, die uns bis heute tief beschämen müssen!

Vor allem gilt für die Interpretation biblischer Texte: Sie dürfen nicht isoliert gelesen werden, sondern müssen immer im Zusammenhang und Kontext des jeweiligen Buches gehört werden, in dem sie stehen. Und die einzelnen Bücher sind auf dem Hintergrund und im Kontext der gesamten Bibel zu lesen.

Nicht nur der harmlose „liebe Gott"

Wenn wir auf solche Weise die Texte der Bibel gewichten, den einzelnen Text immer auch auf dem Hintergrund der gesamten Botschaft der Bibel hören, wenn wir z. B. sagen: In diesen grausamen Geschichten von der Eroberung des Landes spiegeln sich Auffassungen von Gott wieder, die der spätere Glaube Israels überwunden hat, wenn wir die Bibel auf diese Weise als ein geschichtlich gewordenes Buch würdigen, müssen wir allerdings höllisch aufpassen! Wir müssen aufpassen, dass wir uns nicht ein Bild von Gott zurechtmachen, wie es uns passt, wie es unseren eigenen Wünschen entspricht. Ich persönlich habe mir angewöhnt, auch bei ganz schwierigen Texten der Bibel sehr genau hinzuhören, mich zunächst um ein positives Verstehen zu bemühen, vor allem aber: mir von biblischen Texten dreinreden zu lassen, mich und meine Auffassungen zu relativieren und von der Bibel her in Frage zu stellen.

Gott, wie ihn die Menschen der Bibel erfahren haben und wie sie in einem vielstimmigen Chor von Geschichten von ihm erzählen, dieser Gott der Bibel ist nicht einfach der harmlose „liebe Gott". Er ist nicht der Gott, der zu allem Ja und Amen sagt, was wir Menschen tun, oder der mit milder Nachsicht über die Torheit der Menschen lächelt. Salopp gesagt: Er ist nicht der Gott, der uns Menschen von morgens bis abends nur Streicheleinheiten verteilt.

Wenn wir sagen „Gott ist die Liebe", so ist „Liebe" ein ebenso analoger Begriff, wie wenn wir vom „Zorn" Gottes sprechen. Im Alten Orient war der Zorn die Tugend des Herrschers und zugleich die des obersten Reichsgottes. Zorn bedeutete die pflichtgemäße Feindschaft des Herrschers gegen Unrecht und Verbrecher. Noch im 4. Jh. n. Chr. schreibt der Christ Laktanz: *„Wenn Gott den Unfrommen und Unge-rechten nicht zürnt, dann liebt er auch die Frommen und die Ge-rechten nicht."* – Uns sind solche Gottesbilder fremd geworden, weil wir im Gefolge der Griechen uns angewöhnt haben, Zorn als eine Leidenschaft, als eine unangemessene menschliche Reaktion anzu-sehen, die unterdrückt werden muss (W. Groß). Es gibt ja auch, wie wir im Deutschen sagen, einen „heiligen Zorn".

Der Gott der Bibel ist auch der, der dem Jakob des Nachts entgegen-tritt, im nächtlichen Kampf am Jabbok (Gen 32,23 33), der ihm Wi-derstand leistet, der ihn zwingt, sich auch der Schattenseite seines Lebens ehrlich zu stellen, der eigenen Wahrheit ins Auge zu sehen, über das bisher erreichte Niveau hinauszuwachsen.

Oder, um ein Beispiel aus dem Neuen Testament zu nehmen: In der Of-fenbarung des Johannes schreien die Seelen der Gerechten im Himmel zu Gott, angesichts der Schrecken auf der Erde, angesichts der Tatsache, dass Menschen das Leben anderer grausam zerstören: *„Wie lange zö-gerst du noch, Herr, Gericht zu halten und unser Blut an den Bewoh-nern der Erde zu rächen?"* (Offb 6,10). Es wäre viel zu kurz gegriffen, wenn ich nun, wie es Gerd Lüdemann in einem Spiegel-Interview getan hat, sagen würde: Die Offenbarung des Johannes ist ein Buch voller Rache und Ressentiments – und es gehört eigentlich nicht mehr in das Neue Testament hinein. Das wäre viel zu oberflächlich. Es gehört ele-mentar zu unserem christlichen Bild von Gott, dass er das Unrecht lei-denschaftlich ablehnt, das Menschen einander antun, mit dem Menschen das Leben anderer zerstören. Was fundamentalistisch einge-stellte „Gläubige" (leider in fast allen Religionen) an Grausamkeiten verüben, ist so unbegreiflich schlimm – muss ich da nicht sagen, auf dem Hintergrund eines solchen Bibeltextes, dass Gott ein leidenschaft-liches Nein dazu sagen wird, mit heiligem Zorn reagiert – wenn ich denn in solch menschlichen Bildern von Gott reden darf.

Gerade die Offenbarung des Johannes ist ein Buch an die Adresse unterdrückter, an den Rand gedrängter Menschen, deren Menschen-würde mit Füßen getreten wird. Wenn diese Menschen Gott um

Rache bitten, dann überlassen sie jedenfalls das letzte Urteil ihm! Und das bedeutet schon eine ganze Menge, auf eigene Rache zu verzichten. Wenn ich heute solche Texte lese, dann rufen sie in mir nicht den Wunsch wach, all die Bösen (gehöre ich nicht auch dazu?) in der Hölle schmoren zu sehen – so naiv bin ich nicht. Aber wenn ich solche Texte lese, rufen sie in mir die Sehnsucht wach, dass Gott all den Opfern der menschlichen Geschichte, all den Opfern menschlicher Kurzsichtigkeit und Bosheit Gerechtigkeit widerfahren lassen wird, dann rufen sie in mir die Sehnsucht wach, dass all die Opfer menschlicher Bosheit wenigstens vor der letzten Instanz ihr Recht bekommen. Wie das aussehen wird, das überlasse ich Gott.

Von Gott reden in sprachlicher Zweideutigkeit

Die Bibel riskiert es, in sehr menschlichen, auch missverständlichen Bildern von Gott zu reden. Sie tut es in ganz unterschiedlichen, auch gegensätzlichen Bildern. Sie spricht von einem Gott, den wir nie ganz werden begreifen können, der uns Rätsel aufgibt, uns in Dunkelheiten führt, und von dem man zuletzt doch sagen kann: Gott ist die Liebe. Aber es kann hier und da auch eine zornige Liebe sein. Weil Gott ganz und gar und leidenschaftlich engagiert ist – für uns Menschen.